与人交流、合作
能力训练

丁怡 杨琦／主编

山东教育出版社

图书在版编目（CIP）数据

与人交流、合作能力训练 / 丁怡，杨琦主编 . — 济南：山东教育出版社，2020.2

ISBN 978-7-5701-0624-0

Ⅰ . ①与… Ⅱ . ①丁… ②杨… Ⅲ . ①语言艺术–能力培养–教材 ②社会工作–能力培养–教材 Ⅳ . ①H019 ②C916

中国版本图书馆CIP数据核字（2020）第012126号

YU REN JIAOLIU，HEZUO NENGLI XUNLIAN

与人交流、合作能力训练

丁怡 杨琦 主编

主管单位：山东出版传媒股份有限公司

出版发行：山东教育出版社

地址：济南市纬一路 321 号 邮编：250001

电话：（0531）82092660 网址：www.sjs.com.cn

印 刷：山东新华印务有限责任公司

版 次：2020年2月第1版

印 次：2020年2月第1次印刷

开 本：710毫米 ×1000毫米 1/16

印 张：13.5

字 数：235 千

定 价：32.00元

（如印装质量有问题，请与印刷厂联系调换）印厂电话：0531-82079112

《与人交流、合作能力训练》
编委会

前　言

　　随着我国社会经济的快速发展，诸多行业对高素质、高技能劳动者的需求也越来越迫切。为了适应这种情况，一个为就业服务的职业核心能力体系逐渐建立起来。此体系的建立得到社会各界的积极响应和支持。经过多年研究开发，我们现已完成与人交流能力训练、与人合作能力训练、创业能力训练、创新能力训练、外语能力训练、自我学习能力训练、数字应用能力训练、问题解决能力训练八个模块培训测评标准的编制工作并正式向社会颁布，与此同时也已完成了一套职业核心能力培训系列教材。该系列教材包括六个单项模块的能力（与人交流能力、与人合作能力、数字应用能力、信息处理能力、解决问题能力、自我学习能力）训练手册，以及两个组合模块的能力（职业社会能力，包含交流、合作和解决问题能力；职业方法能力，包含自我学习、信息处理和数字运用能力）训练手册的编写和出版工作。

　　本教材的编写坚持以就业为导向的能力本位的教育目标，坚持以职业核心能力标准为依据，同时吸收现代职业技术教育新思想，在能力训练过程中始终坚持贯彻行为活动导向教学法的理念。按照职业核心能力标准规范的解读，职业核心能力是一种完成工作任务的过程能力和执行能力，它是从职业活动中抽象出来的，也要能返回到职业活动中去。因此，本系列教材的编写采用了一种全新的模式和规范，并研究开发了一套能力训练的程序，即包含学习目标、案例引导、能力训练、知识拓展、行动评估、学习评价的"六步训练法"，从而保证了培训教学活动不仅在于启发学生对掌握一种能力的认知，更重要的是可以让学生实实在在地掌握这种能力。

　　职业核心能力的培养已成为全球各地教育及培训的基本任务。开发适应技工学校不同专业的通用职业能力培训教材，是当前一项迫切的任务。我们所做的一切还处于前期探索阶段，尚有许多不足之处，诚望广大专家、读者和教学工作者提出修改意见。

目 录

第一部分 与人交流能力训练

第二部分　与人合作能力训练

第一部分

与人交流能力训练

第一单元　交谈讨论

第一节　树立沟通意识，积极交流表达

学习目标

一、能力目标

1. 树立积极沟通的意识。

2. 培养主动沟通的良好习惯。

二、德育目标

1. 全面发展，提高职业素养。

2. 学会和谐交往，克服人际交往的障碍，建立和谐的人际关系。

案例引导

洛克菲勒的"女婿"

在美国一个农村，住着一个老人，他有三个儿子。大儿子、二儿子都在城里工作，小儿子和他在一起，二人相依为命。

突然有一天，一个人找到老人，对他说："尊敬的老人家，我想把您的小儿子带到城里去工作，可以吗？"

老人气愤地说："不行，绝对不行，你滚出去吧！"

这个人说："如果我在城里给您的小儿子找个对象，可以吗？"

老人摇摇头："不行，你走吧！"

这个人又说："如果我给您小儿子找的对象，也就是您未来的儿媳妇，是洛克菲勒的女儿呢？"

这时，老人动心了。

过了几天，这个人找到了美国石油大王洛克菲勒，对他说："尊敬的洛克菲勒先生，我想给您的女儿找个对象，可以吗？"

洛克菲勒说："快滚出去吧！"

这个人又说："如果我给您女儿找的对象，也就是您未来的女婿，是世界银行的副总裁，可以吗？"

洛克菲勒同意了。

又过了几天，这个人找到了世界银行总裁，对他说："尊敬的总裁先生，您应该马上任命一个副总裁！"

总裁先生说："不可能，这里这么多副总裁，我为什么还要马上任命一个副总裁？"

这个人说："如果您任命的这个副总裁是洛克菲勒的女婿，可以吗？"

总裁先生当然同意了。

问题1：农村老人的小儿子和洛克菲勒的女婿两个角色之间存在着必然的联系吗？最终的结局说明了什么问题？

_____

_____

_____

问题2：在现实生活和学习中，你遇到过哪些因为沟通而不可能变为可能的事情？

_____

_____

_____

沟而不通，费时误工

一位教授精心准备一个重要会议上的演讲，会议的规格之高、规模之大都是他平生第一次遇到的。全家都为教授的这一次露脸而激动。为此，老婆专门为他选购了一身西装。晚饭时，老婆问西装合身不，教授说上身很好，裤腿长了两厘米，倒是能穿，影响不大。

晚上教授早早地睡了，老妈却睡不着。她琢磨着：儿子这么隆重的演讲，西裤长了怎么能行？想来想去，最后她翻身下床，把儿子西裤的裤腿减掉了两厘米，缝好熨平，然后安心地入睡了。早上五点半，教授的老婆睡醒了，因为家里有大事，所以起来得比往常早些。她想起老公西裤的事，心想时间还来得及，便把西裤又减掉两厘米，缝好熨平，惬意地去做早餐了。过了一会儿，教授的女儿也早早地起床了，她见妈妈的早饭还没有做好，就想起爸爸西裤的事情，寻思自己也能为爸爸做点事情了，便拿来西裤，将其又剪短两厘米，缝好熨平……这条裤子还能不能穿？

问题1：教授裤子的结局是怎样造成的？问题出在哪里？

_____

_____

_____

问题2：你从这个故事中得到了什么启示？换位思考，你会怎么做？

_____

_____

_____

能力训练

任务描述

每个同学在"人际关系自我评定量表"上认真诚实地填写相关内容，然后结合所填内容写一份300字左右的自我认知介绍。

任务目标

正确认识自我，培养主动沟通意识。

任务规则

1. 要实事求是地填写表格，字迹要清晰。

2. 填写表格时，同学之间不能讨论。

3. 自我认知的内容要客观，语言尽可能幽默诙谐。

4. 教师进行考核，记录结果并纳入学生的学习评价中。

任务资料

1. 自我认知用语。

2. 主动沟通意识示例。

一次，在长途车上两个大学生坐在了一起。其中一个学生看到另一个学生手里捧着的书说："你看的是什么书？这么入迷。"另一个学生笑着说："是本微型小说，很有意思。"他们以微型小说作为开始交谈的话题，在以后的几个小时的路途中交谈了很多，从中学时代的学习、教师的人格魅力以及对学生以后发展的影响，到现在所在大学的学习风气及丰富多彩的大学生活等。交谈使他们在愉快的气氛中度过了原本枯燥的旅途。

任务实施

一、自我分析

人际关系自我评定量表

下列16个问题后面各有A、B、C三个选项，请仔细阅读，然后按照自己的真实情况任选其一。

1. 在人际关系中，我的信条是_____。

A. 大多数人是友善的，可与之为友

B. 人群中有一半是狡诈的，另一半是良善的，我将选择良善者为友

C. 大多数人是狡诈虚伪的，不可与之交友

2. 最近我新交了一批朋友，这是_____。

A. 因为我需要他们

B. 因为他们喜欢我

C. 因为我发现他们很有意思

3. 外出旅游时，我总是_____。

A. 很容易交上新朋友

B. 喜欢一个人独处

C. 想交朋友，但感到很困难

4. 我已经约定要去看望一位朋友，但因为太累而失约了。在这种情况下，我感到_____。

A. 这是无所谓的，对方肯定会谅解我

B. 有些不安，但又总是在自我安慰

C. 需要向对方致歉

5. 我结交朋友的时间通常是_____。

A. 数年之久

B. 不一定，合得来的朋友能长久相处

C. 时间不长，经常更换

6. 一位朋友告诉我一件极有趣的个人私事，我通常的做法是＿＿＿＿＿＿。

　　A. 尽量为其保密，不对任何人讲

　　B. 根本没有考虑过要扩大宣传此事

　　C. 当朋友刚一离去便与他人议论此事

7. 当我遇到困难时，通常是＿＿＿＿＿＿。

　　A. 靠朋友帮助解决的

　　B. 找自己可信赖的朋友商量来办

　　C. 不到万不得已时，绝不求人

8. 当朋友遇到困难时，我觉得＿＿＿＿＿＿。

　　A. 他们大都喜欢来找我帮忙

　　B. 只有那些与我关系密切的朋友才来找我商量

　　C. 一般都不愿意来麻烦我

9. 我交朋友的情形一般是＿＿＿＿＿＿。

　　A. 经过熟人的介绍

　　B. 在各种社交场所

　　C. 必须经过相当长的时间，而且还相当困难

10. 我认为朋友应具有的最重要的品质是＿＿＿＿＿＿。

　　A. 具有能吸引我的才华

　　B. 可以信赖

　　C. 对方对我感兴趣

11. 我给人们的印象是＿＿＿＿＿＿。

　　A. 经常会引人发笑

　　B. 能经常启发人们去思考

　　C. 和我相处时别人会感到舒服

12. 在晚会上，如果有人提议让我表演节目，我会＿＿＿＿＿＿。

　　A. 婉言谢绝

　　B. 欣然接受

　　C. 直截了当地拒绝

13. 对于朋友的优缺点，我通常会＿＿＿＿＿＿。

  A. 诚心诚意地当面赞扬他的优点

  B. 诚实地对他提出批评意见

  C. 既不奉承，也不批评

14. 我所交的朋友_____。

  A. 只能是那些与我密切相关的人

  B. 通常能和任何人相处

  C. 通常愿与自己脾气相投的人和睦相处

15. 如果朋友和我开玩笑，我总是_____。

  A. 和大家一起笑

  B. 很生气并有所表示

  C. 有时高兴，有时生气，依自己当时的情绪和情况而定

16. 当别人依赖我的时候，我总是_____。

  A. 很不在乎，因为自己喜欢独处

  B. 感觉很好，我喜欢别人依赖我

  C. 提醒自己要小心点，我往往对一些事物的稳妥可靠性持冷静、清醒的态度

各题记分的分值如下：

1. A. 3；B. 2；C. 1。

2. A. 1；B. 2；C. 3。

3. A. 3；B. 2；C. 1。

4. A. 1；B. 2；C. 3。

5. A. 3；B. 2；C. 1。

6. A. 2；B. 3；C. 1。

7. A. 1；B. 2；C. 3。

8. A. 3；B. 2；C. 1。

9. A. 2；B. 3；C. 1。

10. A. 3；B. 2；C. 1。

11. A. 2；B. 1；C. 3。

12. A. 2；B. 3；C. 1。

13. A. 3；B. 1；C. 2。

14. A. 1；B. 3；C. 2。

15. A. 3；B. 1；C. 2。

16. A. 2；B. 3；C. 1。

根据你所选定的答案，找出相应的分数，将16个题的得分数累加起来。这个总分数值大致可以评定你的人际关系是否融洽。如果你的总分在38～48之间，说明你的人际关系是很融洽的，在广泛的交往中你是很受众人喜欢的。如果你的总分在28～37之间，说明你的人际关系并不稳定，有相当数量的人不喜欢你，你还得做很大的努力。如果你的总分在16～27之间，说明你的人际关系是不融洽的，你的交往圈子太小了，很有必要扩大交往范围。

二、自我认知介绍

学生根据人际关系自我评定量化的结果，恰当地组织文字，在20分钟内写一篇300字左右的自我认知介绍，语言尽可能幽默诙谐。教师挑选表现优秀的学生在全班进行交流，并予以点评。

_____

_____

_____

_____

_____

_____

任务反馈

1. 根据学生人际关系自我评定结果，教师有针对性地和部分学生进行交流。

2. 教师对每位学生的自我认知介绍作业进行点评。

知识拓展

一、学会积极主动地和陌生人交往

认识了解对方是建立良好人际关系的前提条件。在人与人的交往过程中，应通过相互感知、理解而建立一定的人际关系。

衡量人际交流能力的关键性尺度之一是和陌生人交往的能力。和陌生人的交往伴随着人生发展的每一个阶段：上学之初要和陌生的老师、同学打交道，工作之初要和陌生的人和环境打交道。如果一个人善于和陌生人打交道，没有恐惧感、羞涩感，能大大方方地面对所接触的每一个新朋友，就能很好地把个人的才华展现出来。善于和陌生人交往，就能很快获得同行、领导、同学的信任。

交往双方的心理戒备是影响双方交流的一个主要因素。双方在不认识的状况下，对方对自己来说是不可知的。例如，性格上的不可知，怕不能很好地合作；为人处世上的不可知，怕上当受骗；品行方面的不可知，怕受到威胁；喜好方面的不可知，怕说话说不到点子上；个性特点方面的不可知，怕自己无法接受对方等。这些不可知，强化了双方的陌生感、恐惧感。

善于和陌生人交往，是每个人在人生发展过程中必须解决的问题。我们要改变观念，主动和他人沟通。

◆ 有缘得以相会。当和陌生人相遇时，要把它看成是上天赐给我们的一种缘分，应该珍惜这瞬间的相处，尽量使彼此留下愉快的回忆。这种"惜缘"的态度，往往能主动化解与陌生人交往时的戒备心理，发展出良好的人际关系。

◆ 树立主动沟通的意识。俗话说："万事开头难。"当你与对方完全陌生的时候，要开始一次交谈确实困难。只要你掌握了一定的技巧，就能化难为易，达到交往的目的。

◆ 初次交往从寻找合适的话题开始。

◆ 用积极的心态面对陌生人。积极的心态是生活、工作快乐的源泉。在这种心态的主导下，才能觉察到世界的美好。即使真的遇到了坏人也不要恐惧，要善于利用自己的机智和老练，使那些心怀叵测的人在你面前产生一种心理压力，不敢轻易对你怎样。

◆ 打破与陌生人交往的隔膜。在与陌生人沟通时，有的人很想和对方交谈，但不知该怎么说出来，心里七上八下的，因而显得很紧张。其实你大可不必如此。如果你能跟他谈一些轻松的话题，就会使双方都感到愉快。陌生人之间往往存在一层隔膜，如主动将这层隔膜打破，沟通就顺畅了。下面这则故事就可以说明这一点：

星期一的早晨，在一辆开往市区的巴士上，上班的人都安静地坐在座位上，谁也不说话，车厢里安静极了。

突然，司机大声地对乘客说："我是你们的司机，现在，请大家转过脸去，面对坐在你旁边的乘客，跟着我说'早上好，朋友'。"

乘客们都会心地笑了起来，顿时，车厢里气氛活跃了。

这位司机就是看准了陌生人之间难以捅破"隔膜"的心理，帮助乘客解决了这个难题。如果都能像他那样，我们的沟通范围就会变得更加宽广。

二、知道人们在交往中喜欢什么，讨厌什么

人际关系在心理上总是以彼此满意或不满意、喜欢或讨厌等情感状态为特征的。

人际关系中，如果一方表示喜欢另一方，那么对方往往也会报以同样的反应，双方情感日趋深厚，他们的关系就能天长地久；如果一方敌视另一方，那么对方也会以牙还牙，双方结下冤仇，关系就会僵持不下。

如果你能掌握人际关系情感因素的心理规律性，把握人们倾向于亲近奖赏性关系而排斥处罚性关系的特点，你就会对对方的优点及时地加以赞美。任何人都喜欢给自己带来赞美和表扬的人，排斥那些给自己带来批评和斥责的人。对于对方的缺点和错误，尽量不要直接地加以斥责或批评，而要委婉地表达。

1.同事之间良好沟通的技巧

（1）人格塑造

在沟通理念中，要把做人放在第一位。人格的培养是提高沟通效果的基础，也是人际关系中的关键因素。人品好的同事，人们愿意与其交往，这本身就产生了一种吸引力、向心力，有利于合作共事。

付出爱心、乐于助人是塑造人格的最重要的人际行为。要记住一条真理："帮助别人就是帮助自己。"大量案例研究表明，每一次付出，自身人格魅力就会增加一个亮点，不断地付出，点点滴滴的亮点连接起来就会形成一个"自身人格光环"。你在人们心目中成了值得交往的人，你所获得的将会是你意想不到的结果。

有一句话要记住："我能为您做点什么？"这是建立良好人际关系的奥秘。

（2）赞美欣赏

能够看到同事身上的优点，并及时给予赞美、肯定，对其存在的一些不足之处给予积极的鼓励，这是良好沟通的基础。和颜悦色是人际交往的需要，你这样做了，和同事相处起来就会和谐。

（3）坦诚相见

坦率和真诚是良好人际关系的重要因素。不存疑虑，坦诚相见，是同事之间彼此信赖的法宝。

（4）少争多让

你帮助同事获得荣誉，他会感激你的大度，更重要的是增添了你的人格魅力。对一些非原则性的问题，切忌和别人争输赢，否则，只能使双方受到伤害，有百害而无一利。

（5）善于倾听

善于倾听是增加亲和力的重要因素。当同事的家庭、生活、工作出现麻烦而心情不愉快时，他向你倾诉，你一定要认真倾听，同时把自己的情感融入其中，使自己成为同事最真诚的倾听者。

（6）理解宽容

作为同事，我们没有理由苛求别人为自己效力。在发生误解和争执的时候，一定要换个角度，设身处地，理解一下对方的处境，千万别情绪化。任何背后议论和指桑骂槐，最终都会在贬低对方的过程中破坏自己的形象。其实，宽容了别人，就是善待自己。要将自己心中的愠怒化作和风细雨，神清气爽地度过每一天。若学会了宽容别人，微笑便会时常荡漾在脸上，快乐、温馨随之而至。

（7）巧用语言

沟通中的语言至关重要，应以不伤害他人为原则。要用委婉的语言，不用伤害的语言；多用鼓励的语言，不用斥责的语言；多用幽默的语言，不用呆板的语言；等等。

2. 与领导沟通的五大技巧

每个职员都有自己的上级，能够与上级良好沟通的人，才能成为领导信任、喜欢的职员。

（1）尊重领导也是尊重自己

每个人都有上级，每个人都可能是一个被领导者。尊重领导，是心理成熟的标志。当你满足了领导对于尊重的需要时，你同样会得到相应的回报。

尊重领导，体现了自己的基本素质和涵养。领导身上的过人之处，他们丰富的工作经验和待人处世的方略，都是值得学习借鉴的，应该尊重他们精彩的过去和骄人的业绩。但每一个上司都不是完美的，领导有时会有失误，千万不要因此而滋生傲气，否则只能给工作增加阻力。对领导要有效表达反对意见，给上司提意见只是本职工作中的一小部分。尽力完善、改进自己，尽快地接近工作目标才是最终目的。要让上司心悦诚服地接纳你的观点，应在尊重的氛围里，有礼有节有分寸地磨合。重要的是，在提出疑问和意见前，一定要拿出详细的、足以说服对方的论据。

（2）踏实搞好本职工作，是与领导沟通的基础

无论从事什么工作，兢兢业业、踏踏实实做好本职工作是上下级关系的基础。如果能把自己的发展目标与所在单位的发展目标融合起来，忠诚于自己的单位，忠诚于自己的事业，就能得到领导的喜欢。

（3）要有主动与领导沟通的意识

领导的工作往往比较繁忙，无法顾及方方面面，所以保持主动与领导沟通的意识十分重要。不要仅仅埋头于工作而忽视与上级的主动沟通，要让领导知道你在做什么、做到什么程度、遇到什么困难、需要什么帮助，还要有效展示自我，让你的能力和努力得到上级的高度肯定。只有与领导保持有效的沟通，才能获得领导的器重从而得到更大的发展空间。

（4）寻求与领导有效沟通的方法

要掌握良好的沟通时机，善于抓住沟通契机，正式场合与非正式场合并举。除了工作方面的沟通外，情感方面的沟通往往会获得意想不到的效果。

（5）善于倾听，领悟领导的言外之意、弦外之音

准确把握领导的指示精神，善于搞明白领导的意图，是执行和落实好领导指示的关键，是体现执行力的第一步。在实际工作中，要学会倾听，提高领悟力。善于领悟领导的言外之意，对于自己的发展有着重要的意义。

三、养成主动沟通的习惯

习惯是一种顽强而巨大的力量，可以主宰人生。习惯是人的行为倾向，是逐步固定下来的行为方式，是一种不知不觉、不假思索的行为。如果我们把主动沟通转化为一种良好的习惯，那么我们的人生就会少走弯路。怎样培养主动沟通的习惯呢？

1. 良好的沟通习惯来源于思想意识

一个人有了主动沟通的意识，就会慢慢地形成主动沟通的行为习惯。要尊重身边的每一个人，与人为善，与人平等相处，在平凡的生活中体验人生价值。只要在意识上有了沟通意愿，你就会处处、事事以培养良好的人际关系为出发点，不做伤害他人的事情，在交流沟通中就不会说伤害他人的话，就会主动地去构建和谐的人际环境，根据他人的需要去想问题、做事情，在帮助别人的过程中享受快乐。

2.养成良好的习惯在于培养自己的规矩意识

随地吐痰、乱扔垃圾、说话粗声粗气、随意闯红灯、随意插队等，看起来是小事，却是关系到人的基本素质的大事。不注意基本的礼仪、没有规矩意识的人，会受到他人的唾弃和谴责。

1987年1月，75位诺贝尔奖获得者在巴黎集会。有人问一位诺贝尔奖获得者："您在哪所大学、哪个实验室学到了您认为最重要的东西？"

这位白发苍苍的老学者说："是在幼儿园。"

"在幼儿园学到了什么呢？"

学者回答说："把自己的东西分一半给小伙伴；不是自己的东西不要拿；东西要放整齐；饭前要洗手；做错了事要表示歉意；午饭后要休息；要仔细观察大自然。从根本上说，我学到的全部东西就是这些。"

由此可见，从小形成的规矩意识对这位老人的一生产生了多大的影响力。改变不良习惯，树立规矩意识，首先要从自己和自己沟通开始，产生想改变的愿望，认识到其对自己人生发展的重要意义。自己先"想通了"，再去通过行动付诸实施。

习惯的力量是巨大的，习惯能主宰人的善恶，所以，坚决克服不良习惯，对于一个人的进步和成长至关重要。

良好的沟通习惯是一种素质和修养，体现着社会文明的程度。只要人人坚持从自身做起，从眼前的一点一滴做起，真正做到"勿以善小而不为，勿以恶小而为之"，和谐的人际环境就会形成。

3.培养主动沟通的习惯靠的是持之以恒的行动

有人说："你说的我都懂，就是没有毅力去做。"这些人之所以不能够坚持主动沟通，是因为他们并没有想通，并没有真正懂得什么是沟通的魅力。行动是最重要的，只要你坚持去做，就能感受到主动沟通的习惯给你带来的人生快乐。

行动评估

活动一：王逸如何学会和老师交往，成为老师喜欢的学生

王逸是一位不愿意和别人打交道的学生，生性腼腆，见了老师就脸红，不敢和老师单独说话。现在，她决心学会和老师交往，改变自己，成为老师喜欢的学生。

请想想：

1. 王逸首先应该做什么？

2. 王逸平时应该进行哪些方面的练习？

提示：

1. 想想沟通的原则是什么。

2. 回顾和陌生人沟通的几个技巧。

活动二：小强如何养成主动沟通的习惯

小强是一个大大咧咧的孩子，性格开朗、直率，说话不注意分寸，常常自觉不自觉地伤害同学，人际关系很糟。他想改变自己，怎么办？

请想想：

1. 人际关系好坏对人生发展有哪些影响？

2. 如何认识沟通与发展人际关系的联系？

3. 有没有持之以恒改变自己的决心？

提示：

1. 熟悉沟通的原则。

2. 注意稳定和控制自己的情绪。

活动三：找朋友主动交流

1. 学员每人准备一张卡片或者一张四分之一的A4纸，上面写上自己的联系方式、班级、宿舍、爱好等。

2. 写好后交给班长，班长把卡片充分混合后，每人随机从中抽取一张，作为自己要找的朋友，然后根据老师的课堂进程安排，可以在课堂上寻找机会主动交流，也可以课后进行联系。

3. 要求在5分钟内通过交流了解对方的家庭状况、性格特征、工作理想、最令你欣赏的地方等，并恰当地进行联系。

评估：请通过练习检查一下自己，看是否掌握了本节内容的要点。

问题：检查一下自己日常行为中在主动交流沟通方面存在哪些不足的地方，思考自己应该从哪些方面进行改正。

1. 谈谈主动沟通、建立人际关系对自己的影响。

2. 你属于哪种性格的人？是内向型还是外向型？你和周围的人关系相处得如何？

3. 你如何理解"喜欢"和"讨厌"是建立人际关系的纽带？如何建立好的同

事之间的关系和好的上下级之间的关系？

4. 你每天会遇到各种人和事，请尝试着用积极沟通的态度去面对，看看效果如何并记录下来，评估自己的主动沟通意识。

学习评价

以小组为单位，展示各组在本节学习过程中收集的材料及取得的相关成果。根据下表提示，对本节所有的学习活动进行评价。

评价内容	分值	评分		
		自我评价	小组评价	教师评价
本节的学习目标是否明确	5			
本节课所要求的学习任务是否完成	10			
对"案例引导"内容的分析是否认真、透彻	15			
"人际关系自我评定量表"的填写是否认真	20			
自我认知介绍的完成情况	20			
"知识拓展"部分的内容是否掌握	15			
完成任务的时间安排是否合理	5			
学习过程中的自我认知能力	10			
合计				
综合平均得分				

第二节　围绕主题交谈，把握交谈方式

学习目标

一、能力目标

1.明确交谈主题，学会围绕主题交谈。

2.根据具体语境把握交谈方式。

二、德育目标

1.掌握切题交谈的技巧，提高个人的职业素养。

2.具有良好的道德品质、劳动习惯和文明行为习惯。

案例引导

1994年春节晚会上，李金斗、石富宽、阎月明和单联丽表演了小品《跑题》，讽刺了人们在开会学习讨论中不切合主题、东拉西扯、严重跑题的现象。在科长组织的讨论中，大家先是谈"名牌旅游鞋"，接着扯到"孩子犯规"，继而讲到"骆驼有水囊"，接着扯到"一个驴两个脑袋"，最后不知不觉跳起舞来。科室的学习讨论离题万里，虽然科长几次想把大家的话题拉回来，但讨论依然总是跑题。

问题1：对这个小品进行分析，谈一谈小品中的学习讨论进行得如何，是否达到了预期的效果。

_____

_____

_____

问题2：在现实生活和学习中，你是否遇到过类似的情形？如遇到过，请进行简单的描述。

_____

_____

_____

能力训练

任务描述

对上班或上学经常迟到早退、懒散不上进的人进行有针对性的规劝。

任务目标

通过有效沟通，改变这些人的行为习惯。

任务规则

1. 注意把握交谈的类型。

2. 注意从闲聊切入主题。

3. 注意把握本次交谈的主题。

4. 扮演者可以以自己的理由力争，增加交谈的难度。

5. 注意提问的技巧。

任务资料

小李平时上班经常迟到，工作时懒懒散散，常出次品，而且还振振有词："又不止我一个人这样，有什么大不了的？"

任务实施

以小组为单位，每两人一组，分别扮演谈话的双方——车间主任与小李，二人进行模拟谈话。先在小组内扮演，相互评议，然后各组推选一对参加全班示范，最后大家评议，评出最佳小组。

任务反馈

1. 根据切题交谈的要求进行有针对性的沟通。

2. 教师进行点评。

知识拓展

在我们的生活和职业活动中，围绕话题交谈是话语投机的基本要求，切中题旨沟通是取得交流效果的前提。哪怕是见面寒暄，谈谈天气，以及对当下发生的某个事件的简单评论等，三言两语，看上去似乎没有明确的主题，其实这类交谈也是有它的意图的，比如交流感情、维护交谈双方的关系等。

任何语言交际行为都有其特定的目的。如果参加某次讨论，你能在讨论中紧密围绕主题发言吗？

围绕主题选择交谈方式和时机

一、话题和交谈主题的含义

话题是交谈的内容。随意性交谈的话题是随机的、分散的，正式性的会谈和讨论的话题一般比较确定、集中。

主题是交谈中的焦点，是话题所体现的中心意义，是主动交谈的一方或者双方的意图所在。

二、交谈的类型

任何有效的交谈必须把握好交谈的类型。

根据交谈的目的，交谈可以分为以下几种类型：

（一）说服式交谈

这类交谈的目的是一方要就某些问题对另一方进行劝导说服。因为它以说服为目的，所以说服者在交谈中是交谈方向和内容的控制者，是发话的主体，在交谈中起关键作用。

（二）商讨式交谈

这类交谈的目的是通过相互讨论、共同协商，交谈各方就某些问题统一意见，或达成合作协议，比如外交谈判、经贸洽谈等。这种交谈应具有统一性、建设性和合作性的特点。交谈各方需要严肃认真地表达自己的见解，耐心听取对方的意见，从一定的原则出发，求同存异，达到交谈的目的。

（三）论辩式交谈

论辩式交谈指交谈各方对某些问题各抒己见，展开辩论，比如法庭辩论、学术争论等交谈活动。这种论辩性交谈，应该注意说话的科学性、针对性和严肃性。

（四）调查式交谈

这类交谈的目的在于互相配合，一方就另一方所做的调查和询问进行答复。这种交谈的目的，决定了它常以问答为基本形式。它要求问话者的语言具有目的性、明确性和启发性，答话者的语言具有针对性、真实性和完整性。只有交谈双方彼此配合，才能完成调查和交谈任务。

（五）倾诉式交谈

这类交谈的目的是一方将自己的欣喜、苦恼、怨恨以及打算或决定告诉对方，与对方分享。这类交谈以说话者对听话者的信赖为基础，往往具有很强烈的感情色彩。

（六）闲聊式交谈

这是生活中常见的交谈方式，它没有十分明确的主题和专一的目的，一般起着联络感情、传达信息的作用，比如同事闲谈、探亲访友时的交谈、邻里聊天等。这类交谈具有随意性和广泛性的特点。

根据交谈双方的角色关系，交谈还可以分为：

（七）并列式交谈

这类交谈的双方或多方带有明确的相互交流性，各方都需要表达自己的主张和感情，各方比较均衡地轮流充当说话者和听话者，比如一般的工作讨论、业务洽谈等。

（八）主辅式交谈

这类交谈各方地位和作用存在着差异性，其中一方为主要说话者，成为表达的主体，其他方主要充当倾听者，对交谈起辅助作用，比如记者采访、医生问诊等。

三、围绕主题把握交谈的时机和方式

（一）切入主题前选择话题，营造氛围

绝大多数交谈开始前，人们先进行闲聊，即对不重要的话题进行社交性的交谈，以营造氛围。闲聊一般以下面的内容为话题：

◆ 问候对方，自我介绍。

◆ 评价目前的天气、周边环境情况。

◆ 评论当下发生的大家感兴趣的事情。

◆ 谈论对方的兴趣爱好。

◆ 评价双方的相遇。

◆ 双方关注的其他事情。

通过以上随机性内容的交谈引出双方感兴趣的话题，营造氛围，为进行主题交谈做铺垫。

（二）围绕主题恰当提问

1. 问题的种类

交谈中的问题分为开放性问题和封闭性问题两种。

（1）开放性问题

开放性问题范围广泛，回答问题的人可以做出多样性的回答。

开放性问题是鼓励对方表达个人思想的有效方法。这种类型的问题有助于对方敞开心扉，发泄情绪，表达被抑制的情感。例如：

"你好像很不高兴，究竟发生了什么事？"

"你对有些孩子沉迷网络游戏怎么看？"

"我认为你有相当大的进步，你觉得呢？有些什么想法和感受？"

上述问题都是鼓励对方谈论和描述对某些问题的看法。

开放性问题的作用是通过交谈者的积极倾听，获得较多的信息，同时表示对对方的信任，得到对方更完整的印象。开放性问题的缺点是用的时间多。

（2）封闭性问题

封闭性问题提供的答案是限制性的，有时问题本身就已隐含着答案。当然问题封闭的程度有很大差异。最常见的封闭问题只要求对方回答是或否。封闭性问题在互通信息性交谈中较常使用。例如：

"今天你觉得好些了吗？"

"你去商场买衣服了吗？"

"你喜欢看电视连续剧《雪豹》吗？"

"我很希望你陪我到外面走走，行吗？"

"如果你将真实想法讲出来，是否觉得会引起别人的反感？"

封闭性问题不需要对方深思就可以做出回答，但是不能保证使你获得大量的信息，因此不利于说服性谈话。

封闭性问题的作用是依靠语言的明确性使交谈的针对性提高，它的主要优点是对方会很快地坦率地做出特定的回答，效率很高。

2. 提问的技巧

交流的目的是获取信息。在倾听过程中，恰当地提出问题往往有助于相互沟通。人们可通过提问的内容获得信息，也可从对方回答的内容、方式、态度、情绪等其他方面获得信息。提问时应注意：

（1）以理解的态度进行交谈，诚恳而准确地提出一些双方都能接受的问题，以促进双方的沟通。

（2）选择适当的时机，在双方充分表达的基础上再提出问题。过早地提问会打断对方思路，而且不够礼貌；过晚提问会被认为精神不集中或未能理解，也会产生误解。

（3）提问的内容少而精。在提问时，问题要少而精，不要漫无边际，也要适合对方的理解水平等。

（4）提问的速度、语气、语调、句式要适当，不要给对方咄咄逼人的感觉，不要使对方不耐烦。

（5）不要给对方造成压力。压力会使对方产生恐惧感，例如："如果你不诚实地回答我的问题，我就……"除了强权问话、审问之外，作为友善的提问应表明共享和承诺的伙伴关系。比如："如果你能告诉我，将有助于我澄清问题。"

（6）要避免一些不愉快的提问，不要提有关私生活和侮辱对方的问题。例如："你体重多少呀？""你的头发怎么变稀了呀？"

（三）围绕主题有效交谈的几种叙述方式

1. 重复

重复包括对对方语言意义的解释和复述。交谈者的重复犹如回音壁，用略微不同的词句去重复对方的话，能让对方知道你的反应。如：

甲：我失恋了，我很痛苦。为了他，我牺牲了许多，他却爱上了别人。

乙：是呀，失恋是很痛苦的事情。你为了他，确实牺牲了许多，你要注意自己的身体。

在运用重复时，交谈者一方常将自己的反应加在乙方语言之前。如：

"我听到你刚才说……"

"听起来似乎……"

"根据我个人的理解，你说的是……"

像这样的开头语可帮助交谈者移情入境，有利于继续交谈。

2. 澄清

澄清是将一些模棱两可、含糊不清、不够完整的陈述弄清楚，其中也包含试图得到更多的信息。

它可以引导讲述一般情况的对方进行深入的描述。如：

甲：（摇头）我不能和他相处。

乙：（看着对方）你和谁难以相处？

甲：（皱眉）我的上级。我尽了最大努力想跟他搞好关系，但仍然感到他总是贬低我。

乙：你似乎对你和上级之间的关系感到灰心。最近有什么事使你为难了？

甲：（停顿，想了一想）我想……是在我休假回来时，一大堆工作压在那里……

在澄清时，常用"我不完全了解你所说的意思，能否告诉我……""你的意思是不是……"。

澄清的办法有以下几点：

◆ 用举例的方法，将一个抽象的或含糊的意思与一个具体的实例联系起来。

◆ 提出可能遗漏的或前后不一致的内容，要求对方做必要的补充。

◆ 用识别相同观点或不同观点的方法来澄清疑点。

◆ 直接提问，问题应该用词简单、明了，用对方能懂的语言，要求的答复也应是简单而肯定的。

澄清的过程还可有许多不同的方式。

3. 阐明

阐明是深入明确的解释，目的是让对方接受、理解自己的新观点，并为认识新事物提供进一步深入的说明。如：

甲：你知道……我在退休前……我工作很忙，每天要会见一些人直至晚上八点。但有什么用呢？我现在坐在这儿，读点书，吃点东西，再没有什么了。

乙：我理解，你将毕生的精力用来帮助别人，但由于你退休了，很难找到什么有意义的事去做。你可能会感到空虚和孤独，因为不能再帮助和影响别人了。

甲：你可能是对的。我过去和现在的生活就像白天和夜晚那样不同。你知道，我曾是这一地区最活跃的人物之一，现在我只是坐着，回忆过去的事情，每天不用忙着去上班，也不错，但我还是想念过去。

4. 自我袒露

自我袒露是向自己信任的人表露有关自己的事情。

应该如何进行自我袒露，这是沟通中重要的技巧问题。袒露只能在与你有重要关系的人交流时才会发生。如果你向不熟悉的人袒露得太早太多，也可能引起误会，不利于关系的发展。

在实际生活中，要搞清楚自己为什么要自我袒露，也就是你为什么要他人知道这种信息，这样做会加强这种相互关系还是有可能伤害它。我们都有一些应该保守的秘密，把它们告诉别人可能引起伤害或失去他人对自己的信任。虽然保守秘密是一种负担，但这样做可能有利于这种相互关系的维系和发展。

5.沉默

人们常说沉默是金，因为有时沉默可以起到一种非常积极的效果。当然，有时沉默是消极的，对有效的沟通起反作用。

行动评估

活动一："爱心大行动"项目——讨论义卖活动的主题与方式

分组组织一次"爱心大行动"义卖活动，用批发的商品或与本地企业联合组织义卖，用义卖的收入捐助贫困山区失学儿童或本地福利院的孤残老人。

组织小组讨论，确定义卖活动的主题、口号、行动方式等。每组选出一位记录员，用录音录像工具或以笔记的形式，记录小组讨论的实况。

分析总结：

1.分析小组在确定义卖行动主题、口号、方式的过程中，大家围绕主题交谈发言的优劣情况。

2.这种讨论属于哪种类型的交谈？

活动二：楠楠怎样在校友聚会上找到球友

楠楠是一个性格开朗的女孩，喜欢打乒乓球，她想在校友聚会上找几个球友。

请想想：

1.自我介绍时应该怎么说？

2.在交谈的过程中如何运用提问的方式进行沟通？

提示：

1.在介绍自己的时候要传递乒乓球的有关信息。

2.熟悉提问技巧并灵活应用。

学习评价

一、自我评价

学完了本节内容，请通过下面的练习检查一下自己，看是否掌握了本节学习内容的要点。

回顾一下以前交谈过程中曾经出现过的尴尬和不快，然后完成以下问题。

1. 通过本节学习掌握了哪些方面的知识？

2. 对照自己过去的交谈经验，哪些方面应该改进？

3. 每天晚上回顾一下当天是否把学到的知识运用到了交流的实践中，效果如何，并记录下来。

二、小组评价

针对下列情况练习交谈。练习时可两人一组，现场模拟，然后互换角色，最后进行小组评议。

1. 小伙子A身高只有1.60米，人又长得一般，家庭条件也不好，有很强的自卑心理。请你去劝慰他。

2. 同学小李入学一年来自由散漫，经常旷课泡网吧打游戏，期末几门功课不及格。校团委书记工作经验丰富，善做思想工作。请设想一下，团委书记应如何劝导、批评小李。

第三节　倾听他人讲话，多种形式回应

学习目标

一、能力目标

1. 了解和分析影响倾听的干扰因素，控制和避免这些因素对倾听的影响。

2. 学会使用各种倾听的反馈技巧，帮助交流活动顺利进行。

二、德育目标

1.遵守社会公德，懂得健康、文明的生活和交往礼仪。

2.利用倾听促进人际沟通，提高文明修养。

案例引导

有一次，美国著名的人际关系学大师戴尔·卡耐基遇到一位著名的植物学家。这位植物学家滔滔不绝地给他讲大麻、室内花园等。卡耐基对植物学一窍不通，但他认真地听着。谈话结束，植物学家大力赞扬卡耐基，说他是"最有趣的谈话者"。卡耐基感叹道："倾听是我们对说话者的一种最好的恭维。"

能力训练

任务描述

精神集中训练。

任务目标

实现注意力的高度集中，达到最优的倾听效果。

任务规则

开始练习时要在绝对安静的环境中听。一段时间后，在愈来愈嘈杂的环境中听。

任务资料

准备一个录有风吹、鸟鸣、海啸、松涛等大自然声音的电子文件，躺在床上，闭上眼睛，然后开始播放，听完后半小时之内不要动。第二天把前一天的感受记下来。

任务实施

以小组为单位进行，由记录员负责记录倾听到的情况并做成绩分析，活动结束后交流体会、心得，以进行更高效的练习。

任务反馈

通过课堂进行的精神集中练习，可以有效测试学生的倾听情况，进而纠正其错误的倾听习惯。

知识拓展

善听者善交流

我们每天听多少东西呢？听说读写中听占有多大的比例呢？研究表明，听的比例占语言交流的40%左右。根据韦恩·拉克的调查，美国企业管理人员每天约有33%的时间用于听，26%的时间用于说，23%的时间用于写，18%的时间用于读。另外一个以大学生为对象的调查发现，大学生每天听大众媒体的时间占32%，面对面听的时间为21%，阅读的时间占17%，说的时间为16%，写的时间为14%。从上述的研究结果来看，听在我们日常的语言交流中占据相当多的时间，是非常重要的一种交流手段。

听在沟通过程中起着相当重要的作用。使用适当的听的技巧，能在很大程度上提高沟通的质量，让你成为一位善解人意的交流者。

主动倾听，提升沟通效果

一、哪些因素妨碍主动倾听

所有的人在倾听上都会出现错误，因为有很多因素可以分散你的注意力。分析起来，其主要原因有以下几个方面：

（一）噪音干扰

噪音干扰不仅仅指声音方面的干扰，如说话人的音量过低、背景声音过大，还指其他方面的干扰，如浓烈的香水味、过高的室内温度、夸张的服饰等。这些干扰使得你不能专心听取说话者传递的信息，因此被认为是噪音。

除此之外，噪音干扰还包括来自听话者心理方面的干扰，如走神、细节干扰。

1.走神

我们每一个人都有这样的经历：老师在讲台上滔滔不绝地讲解课文，而我们的"神"却随着老师那些动听的声波飘出了窗外，计划着课后要做些什么。

造成走神的原因各种各样，可能是听不懂，可能是不想听，可能是不用心，也有可能是出于习惯。一旦走神了，往往就听不到对方讲的话。更严重的是，对方很快就能捕捉到你走神的信号，认为你不打算继续沟通。

2.细节干扰

交流过程中我们有时会由于过于关注谈话的细节而忽视谈话的整体意思。我们在听的过程中可能会被某个形式上的细节吸引，如"领带真难看""她说起话来像个小姑娘"等。关注内容和形式上的细节会使我们走神，会使谈话的双方失去共同点，造成交流困难。

（二）认知干扰

它包括语义干扰和自我认知干扰。

1.语义干扰

语义干扰是指听到某个带有感情倾向的词或概念产生的过度反应。人们说话时总是根据自己的习惯来表达，并不特别在意所用的词语是否刺耳。

比如，我们工作出了差错，我们希望听到领导这么批评："你毕竟没有经验，否则不会惹出这种麻烦。"但不希望听到领导这么说："就知道你们年轻人嘴上没毛，办事不牢。"其实领导的两种说法都是指出了这次差错的原因。在这样的谈话中，重要的不是评价哪种说法容易被接受，而是获取领导关于处理这次差错的意见，以便采取进一步的行动。

2.自我认知干扰

自我认知干扰指自认为比别人强，影响到听的能力。许多人在听别人讲话时，有时会觉得自己在这方面比较有经验，认为别人讲的不那么值得听，因而拒绝接受别人传递过来的信息。以下是一对父子之间的谈话：

父亲："我像你这么大时已经工作五年了。"

儿子："是的，可现在工作更难找。"

父亲："我那时候是经济困难时期，工作根本找不到。"

儿子："现在竞争激烈，情况也不是那么好。"

父亲："我看你一辈子都在逛荡，你不知道什么是真正的工作。我们那个时候，小孩子得干很多的活才能得到一点点的报酬。"

父亲总是觉得自己比儿子强，根本不让儿子解释他目前的状况。即使儿子解释了为什么找不到工作，父亲也听不进去。父亲的这种态度使得父子间的交流非常困难。

二、怎样主动倾听

在沟通中，当你把注意力集中在他人所说内容的时候，你已经成为一个倾听者。当你把谈话中重要的观点在头脑中进行勾画，并考虑提出问题或对对方提出的观点质疑时，你就成为一个主动的倾听者。

如何积极跟随、主动倾听呢?

主动倾听时,听者要通过语言或情绪的反馈,向说者积极主动地表明自己已听见并且明白对方的意思。

1. 使用目光交流

眼睛是心灵的窗户。双方交谈时,要注意保持目光交流。通常情况下,用柔和目光不时地注视对方的眼睛,表明自己对所讲的内容感兴趣,同时,也传达了友好的感情和积极鼓励的信息。在谈到高兴的话题时,听话者看着对方会使对方有愉悦之感;在谈论令人不愉快的或难于解决的复杂问题时,双方应避免目光接触,这时候,节制目光的直接注视是礼貌并能理解对方情绪的表现,否则,可能会引起对方愤懑。双方距离越近,越要避免目光接触。另外,斜视和心不在焉的呆滞或东张西望会使说话者产生不良印象。

2. 使用肢体语言表示

用点头、微笑和皱眉等肢体语言表示自己的兴趣。参与的姿势要放松,手臂不要交叉,不要僵硬不动,要随说话人的语言做出反应。坐着的时候要面向说话人,身体略向前倾,可以随着说话人的姿势不断调整自己的姿势。

3. 使用有声语言回应

必要时,边听边用"嗯、啊、我明白了、我知道、没错、对"等词语来肯定和赞扬说话者,表示你对话题感兴趣并鼓励对方继续说下去。

4. 记笔记

在条件允许的情况下,特别是重要性的交谈或会议上,做笔记是表明自己在积极倾听的重要动作。记笔记有很多好处:

◆ 能听清楚并记录下所说的全部内容。

◆ 能理清说话者的主要观点。

◆ 能注意到信息的重点,并能留下书面材料,以利于反复琢磨、深入理解。

在主动倾听时,还要注意不要随意插嘴和打断对方讲话,不要抢着帮别人说话。随意打断对方的讲话,会被视为不礼貌,引起他人反感。一般情况下,表达自己的意见时应选择合适的时机,可以礼貌地请求插话,如说"对不起,打断一下……",对方允许后,可以插语。

总之,主动倾听不仅可以使自己避免对信息的误解,同时可以让对方知道自己是在倾听。在对方说话的时候有相应的动作,能暗示对方你在认真倾听,表明你对对方的尊重。

行动评估

活动一：案例分析

学会给领导送"大礼"

在"大钊训练"中心，一位男士坦诚地讲了一段他的亲身经历：

现如今，我可能是最令同龄人羡慕的男士了。为什么这样说呢？大学毕业后，我顺利地考取了公务员，如愿以偿地进入了某市驻京办事处。刚刚30出头就晋升为办公室主任。达到婚龄时，又适时认识了刚从空姐岗位退下来、被外资公司高薪聘请为人力资源部经理的妻子。结婚后，在单位的福利补贴下，在北京东三环南段的潘家园拥有了一套150平方米的住房。婚后一年，有了活泼可爱的儿子，随后又以一次性付款的方式，开回了一辆小轿车。房子、车子、妻子、儿子、票子我都拥有了。

说到这儿，大家会认为我聪明、会来事，甚至怀疑我有什么背景。那我坦率地告诉大家这些都不是。不过，我有段经历，在这儿和大家分享一下：

记得我刚参加工作时，无意中看了一本有关体态语言方面的书，里面有段话提醒了我。这段话是这样说的："人在职场，要想尽快让领导发现你、提拔你、重用你，除必要的专业基本功和综合素质外，还要学会送一份'大礼'。"

书中说的这份"大礼"是什么呢？请听好："开会专挑前排坐，领导讲话时，侧耳细听，目光交流，适当点头，拿笔记录。"

当时恰逢我在参加岗前培训，上上下下的领导轮番给我们训话，我半信半疑地按书中的这些要点去做。果不其然，培训结束，唯我一人分配在办公室工作，以后仕途也很顺利。

（引自黄大钊、曹瑞芳：《观色 观行 观心——洞察他人心理》，中国书籍出版社出版）

思考与行动：

1. 案例中所讲的"大礼"实际上是指什么？

2. 为什么这份"大礼"有如此的奇效？它反映了与人交流中的什么道理？

3. 据"大钊训练"中心的主任介绍，培训班上有位学员，用以上案例中的方法参加北京奥组委工作人员的招聘，一改过去开会靠后坐的习惯，在动员和面试期间的几次会议上，都坐在前排，领导和考官讲话时身体前倾，注视讲话者，认真倾听，点头微笑，终于也被考官相中，如愿以偿地成为奥组委的工作人员。你在交流中是否有这份"大礼"？从今以后，你也试试向领导和所有的同事、朋友送上同样的"大礼"，看看有没有奇效。

活动二：角色扮演

请两位学员扮演小品中的人物。

场景：主任办公室

人物：中年女主任、年轻女职员小玲

主任：（面对小玲）小玲，广告部经理告诉我，他让你加班写一份广告词，他说你写得不错呢！

小玲：（满心欢喜地）是啊！我很乐意做这件事。

主任：（低下头写文件）我是怕这种跨部门的事给你增加负担，你不会介意吧？

小玲：（有点不好意思）没关系，我在上夜校的广告班，正好可以拿来做练习。我想……

主任：（打断她的话）哦，你的计算机好用吗？（继续低头写文件）

小玲：（轻轻地皱了一下眉头）很好。

主任：对不起。（拿起电话）小张，请你告诉老李，过一会我要和他谈谈。

主任：（转向小玲看一眼后又低下头）现在，谈谈你的想法。

小玲：我……我一直想……（看见主任正在摆弄圆珠笔，便不说了）

主任：（还在摆弄圆珠笔）你说吧，我听着呢。

小玲：（无奈地）广告班毕业后我想调到广告部去，因为……

主任：（又低头写起来）哦，这个嘛……我们正在考虑让你去学习，但不知你对什么感兴趣，或许……

小玲：（哭丧着脸）我想……

主任：（边写边说）到时候再说吧！（继续低头写）你想一想再来告诉我。

小玲：（百般无奈地搓手，竭力控制自己）……

（节自王家瑾：《人际沟通》，重庆出版社出版）

演出后，分析和回答问题：

剧中的女主任和职员谈话时，有哪些不正确的"听"的行为？

活动三：倾听训练

老师给学员讲一个故事，或者读一篇文章，然后让学员们做以下事情：

1. 根据记忆，写出这个故事的大意。

2. 写出这个故事或者这篇文章的主题思想及为主题思想服务的支持性材料。

3. 让学员自愿上台讲，大家分组给予评价。

4. 可以小组讲、大组讲，尽可能给学员们提供发言的机会。

活动四：主动倾听练习

分小组，每个学员轮流就一些困扰自己的事情发牢骚，事情可大可小。要求其他的学员做到：

1. 在有限的范围内同意对方的观点。

2. 复述对方刚才说的话。

3. 说出一种推断（澄清的方式）来鼓励对方更多地表达。

4. 注意确认一下话语后面隐藏的情绪。

学习评价

一、理解知识，回答问题

1. 为什么说主动倾听是沟通的润滑剂和刺激剂？

2. 主动倾听的要点有哪些？

3. 误解是怎样产生的？谈谈自己曾经有过的误解对方的经历，分析产生的原因。

4. 为什么说倾听是一项难度很大的事？

二、自我评估

回答下表中的20个问题，如实将自己的答案与后面的5类状况对应打"√"，并计算自己的得分，评估自己倾听的能力。

倾听能力测试量表

类别	问题	几乎都是	常常	偶尔	很少	几乎从不
态度	1. 你喜欢听别人说话吗？	5	4	3	2	1
	2. 你鼓励别人说话吗？	5	4	3	2	1
	3. 你不喜欢的人在说话时，你也注意听吗？	5	4	3	2	1

类别	问题	几乎都是	常常	偶尔	很少	几乎从不
态度	4. 无论说话人是男是女、年长年幼,你都注意听吗?	5	4	3	2	1
	5. 朋友、熟人、陌生人说话时,你都注意听吗?	5	4	3	2	1
行动	6. 你是否会努力防止自己目中无人或心不在焉?	5	4	3	2	1
	7. 你是否注视说话者?	5	4	3	2	1
	8. 你是否忽略足以使你分心的事物?	5	4	3	2	1
	9. 你是否用微笑、点头以及其他不同的方法鼓励他人说话?	5	4	3	2	1
	10. 你是否深入考虑说话人所说的话?	5	4	3	2	1
	11. 你是否让说话者说完他的话?	5	4	3	2	1
	12. 你是否试着指出他为何说那些话?	5	4	3	2	1
	13. 你是否试着指出说话者所说的意思?	5	4	3	2	1
	14. 当说话者在犹豫的时候,你是否鼓励他继续说下去?	5	4	3	2	1
	15. 你是否重述说话者的话,弄清楚后再发问?	5	4	3	2	1
	16. 在说话者讲完前,你是否避免批评他?	5	4	3	2	1
	17. 无论说话者的态度和用词如何,你是否都注意倾听?	5	4	3	2	1

续表

类别	问题	几乎都是	常常	偶尔	很少	几乎从不
行动	18. 若你事先知道说话者要说什么，你还会注意听吗？	5	4	3	2	1
	19. 你是否询问说话者他所用字词的意思？	5	4	3	2	1
	20. 为了请他更完整地解释他的意见，你是否询问？	5	4	3	2	1

将得分加起来，如果你是——

1. 90~100，你就是一个优秀的倾听者。

2. 80~89，你是一个很好的倾听者。

3. 60~79，你是一个正在改进、尚算良好的倾听者。

4. 60分以下，在有效倾听方面，你确实需要改进。

第四节　运用交谈技巧，准确表达观点

学习目标

一、能力目标

1. 学会准确表达情感。

2. 掌握表情达意的技巧。

二、德育目标

1. 全面发展与人沟通的能力。

2. 学会适应交谈环境，克服表意上的障碍，提高与人交谈的效果。

案例引导

维也纳的故事

一百多年以前，维也纳的某个剧院里发生了一件有意思的事情。当时的维也纳女士们喜欢戴高顶帽子，喜欢到即使在看演出，也不愿意摘下来。坐在剧院后面的观众意见很大，因为高帽子挡住了他们的视线。剧院负责人出面调解说："请女士们将帽子摘下来，你们听到了吗？请将帽子摘下来！"他一遍一遍地大声说着喊着，急得满头大汗，可女士们就是不理睬他，他感到很无奈。这时他拍着脑门想到，是不是自己的语言有问题，略作思考后他又说道："好，就这样吧，年纪大一点的女士就不必摘帽了，现在请年轻女士摘帽。"话音刚落，剧场中所有的女士都将帽子摘了下来。

问题1：剧院负责人一遍一遍大声地说，让女士们将帽子摘下来，为什么没有效果？

_____

_____

_____

问题2：从这则故事中你明白了什么道理？

_____

_____

_____

小公主的愿望

一个小公主病了，她娇憨地告诉国王，如果她能拥有月亮，病就会好。国王立刻召集全国聪明的人，要他们想办法把月亮拿下来。总理大臣说："它远在三万五千里之外，比公主的房间还大，而且是由融化的铜做成的。"魔法师说："它有十五万里远，是用绿奶酪做的，而且整整是皇宫的两倍大。"数学家说："月亮远在三万里外，又圆又平像个钱币，有半个王国大，还被粘在天上，不可能有人能拿下它。"国王又烦又气，只好叫宫廷小丑来弹琴给他解闷。小丑问明一切后，得到了一个结论——如果这些有学问的人说的都对，那么月亮的大小一定和每个人想的一样大一样远，所以当务之急便是要弄清楚小公主心中的月亮到底有多大多远。于是，小丑到公主房里探望公主，并顺口问公主："月亮有多大？"公主说："大概比我拇指的指甲小一点吧！因为我只要把拇指的指甲对着月亮就可以把它遮住了。""那么有多高呢？""不会比窗外的那棵树高！因为有时候它会卡在树梢。""它是用什么做的呢？""当然是金子！"公主斩钉截铁地回答。比拇指指甲还要小，比树还要矮，用金子做的月亮当然容易拿到啦！小丑立刻找金匠打了个小月亮穿上金链子，给公主当项链，公主好高兴，第二天病就好了。

问题1：总理大臣、魔法师、数学家三位为什么没有达到公主的愿望？他们的问题出在哪里？

_____

_____

_____

问题2：小丑能够满足公主愿望的秘诀是什么？你从这个故事中得到什么启示？

_____

_____

_____

能力训练

任务描述

完成"沟通能力自我测试问卷"，写一份150字左右的自我认知介绍。

任务目标

学会准确交谈，掌握表情达意的技巧。

任务规则

1. 要实事求是地完成沟通能力自我测试问卷。

2. 完成自我认知问卷时，禁止互相讨论。

3. 自我认知的内容要客观，语言尽可能幽默诙谐。

4. 教师进行考查，记录结果并纳入学习评价中。

任务资料

1. 自我认知用语。

2. 准确表达举例。

　　某人擅长奉承，一日请客，客人到齐后，他挨个问人家是怎么来的。第一位说是坐出租车来的，他大拇指一竖："潇洒，潇洒！"第二位是个领导，说是亲自开车来的。他惊叹道："时髦，时髦！"第三位显得不好意思，说是骑自行车来的。他拍着人家的肩头连声称赞："廉洁，廉洁！"第四位说是走着来的，他也深表羡慕："健康，健康！"第五位见他捧技高超，想难一难他，说是爬着来的。他当即击掌叫好："稳当，稳当！"

任务实施

一、自我分析

沟通能力自我测试问卷

为了测试自己的沟通能力，请回答下列问题：

1. 在和别人交谈的时候，是否觉得自己的话常常不能被人正确理解？

　　①很少　　　　　　　②有时是　　　　　　　③常常是

2. 和与自己观点不同的人交流时，你是否会觉得对方的思想很怪异呢？

　　①从不　　　　　　　②有时是　　　　　　　③经常是

3. 在与人谈话的时候，如果你对别人的观点没有十足的把握，你是否会请对方明确解释？

　　①总是　　　　　　　②很难说　　　　　　　③一般不会

4. 你在开会或上课的时候，是否能够专心听讲，尽量理解讲话者所说的内容呢？

　　①一般会　　　　　　②很少　　　　　　　③几乎不

5. 如果一个同事或同学因为一个你看起来很无聊的笑话大笑不止时，你会觉得他（她）无聊吗？

　　①会　　　　　　　　②难说　　　　　　　③不会

6. 如果别人在回答你的问题时很含糊，你会重新把自己的问题再说一遍吗？

　　①会　　　　　　　　②有时会　　　　　　　③不会

7. 在一次会议上，老板（老师）说出了一件错误的事情或者根据错误的信息得出了一个错误的结论，你会站出来反对吗？

　　①经常会　　　　　　②偶尔会　　　　　　　③不会

8. 在一次会议上，有人反对你的观点，你认为他是反对你这个人本身吗？

　　①不是　　　　　　　②可能是　　　　　　　③一定是

9. 在通知别人一件事时，你喜欢用发手机短信的形式代替电话吗？

　　① 不喜欢　　　　　　② 觉得无所谓　　　　　　③ 喜欢

10. 你不同意一个人已经发表的谈话内容时，是否还会认真听下去？

　　① 是　　　　　　　　② 难说　　　　　　　　　③ 不会

【得分指导】

1. 每个问题选择①得2分，选择②得1分，选择③得0分。

2. 总分在0～12分之间，说明你的沟通能力较差，必须加强这方面的学习；总分在13～16分之间，说明你的沟通能力一般，仍需继续学习和锻炼，不断提高自己；总分在17分以上，说明你的沟通能力很强。

这个评价并不是对你的沟通能力的一个准确衡量，而是一种定性的评估。你的得分表明你目前的沟通能力，而不表明你潜在的沟通能力。只要不断学习、积极实践，就一定能够提高自己的沟通能力。

　　二、自我认知介绍

学生根据"沟通能力自我测试问卷"的完成情况，恰当地组织文字，在20分钟内写一篇150字左右的自我认知介绍，内容要真实有效。教师挑选优秀的学生作品，在全班进行交流讨论。

_____

_____

_____

_____

_____

任务反馈

1. 根据学生完成"学生沟通能力自我测试问卷"的情况，有针对性地和部分学生进行交流。

2. 教师对学生的自我认知介绍作业进行点评。

知识拓展

一、适应情景，明确角色

准确地把握交谈的情景是有效交谈的第一步。俗话说："到什么山上唱什么歌。"任何成功沟通都是准确适应情景的结果。交谈的情景包括时间、场合、对象、缘由等，一般分为正式和非正式两种。正式的交谈比较严肃、规范，如各种有准备的会议、正式的谈话、工作汇报等；非正式的交谈则比较随意，时间和地点的选择往往是随机的，如闲聊、倾诉等。

适应情景最重要的是要把握两个方面：

（一）注意区分正式与非正式的交谈

我们说话常常根据双方的熟悉程度、交流内容的重要程度以及交谈的目的来确定我们使用语言的正式程度。

试比较下列各句，说明哪些比较正式，为什么。

A. 政治家应该关心的是人民的利益，而不是少数人的利益。

B. 领导应该想到大家，而不是某一些人。

A. 工地上的噪音严重影响了会议的效果。

B. 工地吵得很，会上讲什么都听不清楚。

A. 优选的地段、优秀的教育环境、优雅的居民造就了您首选的社区。

B. 这个小区地点好，靠好学校近，住的人都不错，要买就买这里的房子。

A. 咱们公司这回损失很大，就要到手的标就这样让别的公司抢走了。分析起来是我们的投标书出了问题，公司优势不突出，投标书的细节显得比较零乱。我要是评标人，也不会把标给我们公司。

B. 我们这次亏大了，好端端的一块到口的肥肉就这样让人抢走了，都是那些写投标书的人乱写一气，重点都没写，哪里抢得到标？

（二）准确定位双方角色关系

准确把握好自己在交谈中的角色关系非常重要。定位不准，角色错位，交谈往往很难进行，或者难于取得好的沟通效果。

1. 交谈双方的角色定位

每一个人在社会上都担当许多角色：上司下属、销售方顾客、同事朋友、父母子女、兄弟姊妹等。在具体的交谈语境中，根据双方已有的关系基础和交谈的目的要求，说话者只有一种角色是最适当的，某些时候，也有可能具有两种甚至多种角色身份。

2. 交谈双方在具体语境中的角色关系

（1）亲密型。交谈双方的角色处于同一层次，而且彼此关系非常亲密，如亲友之间，特别是夫妻、恋人、知心朋友之间的交流。

（2）随意型。交谈双方的角色处于同一层次，彼此关系是临时的、随意的，双方保持一定的距离，如熟人之间的日常交谈、旅途中陌生旅客之间的聊天等。

（3）商讨型。交谈双方处于比较正式的交际情景之中，双方地位大致相等，如双边洽谈、学术讨论等。

（4）服务型。交谈双方地位上有差异，一方为另一方提供服务，如服务员与顾客之间的交谈。

（5）求助型。交谈双方地位有差异，一方请求帮助，另一方提供帮助，如向陌生人问路、向他人求援等。

（6）支配型。交谈双方地位明显不同，一方支配另一方，"权势差异"很突出，如上级向下级布置工作、军队里发布命令、法庭审讯时的提问等。

（7）敌对型。交谈双方处于排斥、对立状态之中，如日常生活中的吵架、政治生活或工作中的抗议等。

3. 不同类型角色如何交谈

（1）使用好称呼语。称呼是角色定位的标志。称呼"尊敬的领导"，定位的是上下级关系，说话者是下级；叫一声"哥们"，定位的是亲密型朋友，说话者需要的是随意交谈；等等。

（2）注意不同类型角色的用语要求。不同类型的角色关系交谈应注意：

◆ 亲密型交谈的用语要亲切、和谐，感情色彩较浓。

◆ 随意型交谈多以信息交流为主，话题转换较快，使用非正式语言，用语随便，较为自由。

◆ 商讨型交谈一般有固定的话题，双方要围绕主题发表意见、展开讨论，使用较正式的语言，语言表达要坦率、平等。

◆ 服务型交谈的双方要友好，提供服务者语言要热情、温和、礼貌、周到，请求服务的一方也要礼貌、文明，注意平等交谈。

◆ 求助型交谈双方的关系多少带有一点临时性，求助的一方语言必须客气、谦恭、礼貌，提供帮助的一方则有两种可能：愿意提供帮助的表现为热情、大方；不愿提供帮助的则表现为冷淡甚至无礼。

◆ 支配型交谈的语言一般比较正式，支配者语言中明显带有使令性，用语比较规范。

◆ 敌对型交谈的语言常带有论辩、呵斥、针锋相对的特点，此时交谈者的情绪比较激动，用语感情强烈，但要注意讲理为主，论理要清晰，理据要充分。

（3）善始善终，注意结束语的使用。正式交谈中，双方交谈达到目的或完成了约定的程序、结束交谈时，可以总结归纳交谈达成的一致意见，宣布交谈结束，必要时有礼有节地握手或表示感谢。非正式交谈中，完成交谈任务结束交谈时，双方可以用语言表示感谢或礼貌地道别。主动要求结束时，可以用暗示、婉转的方式或者明确提出结束的请求，接收方要做出反应，有礼貌地结束交谈，不要戛然而止或者骤然离开。用电话交谈时，要特别注意，交谈结束后应尽量让对方先挂断电话，以表示礼貌。

二、语言规范，清晰表意

（一）要注意语音形式和语体使用的规范

1.注意不同场合约定俗成的语音规范要求

在大众传播和公开的场合要尽量使用通用的语音，如普通话。在私密的交谈中，用双方感到亲切的语音，效果比较好，如老乡交谈用同地域方言比较亲切，感情容易交流，同行业交谈用行业的术语比较容易沟通等。

2.注意区分正式与非正式交谈的语体规范要求

在非正式交谈中，使用过多的书面语、抽象的词汇和客套的仪式语言会使人感到别扭、生硬；同样，在正式交谈中，使用非正式交谈中的口语词汇和随意的交谈对话，会使人感到不严肃、不被尊重。这样交谈都不会有好的沟通效果。所谓语言得体，首先表现在语言风格的恰当使用上，语体使用不当必然影响交谈效果。

（二）要克服表意上的障碍，注意表意清晰

交谈中的表意障碍常常表现在措辞不当和内容失调上。

1.在措辞上要注意恰当、简洁、典雅。

2.在内容上要注意简明、合理、条理清晰。

交谈中要力争做到：

（1）言之有的。一方面要针对交谈的话题，紧扣主题；另一方面要针对交谈的对象，因人施语。

（2）言之有物。交谈最忌废话、大话、空话，内容要实在，用词要恰当，感情要真挚。

（3）言之有理。在交谈中，表达的观点和看法都要有充分的理由，观点和证据之间要有必然的逻辑联系，要令人信服。

（4）言之有序。交谈话语的逻辑层次要先后有序：一方面自己的语言表达要注意逻辑顺序，条理清晰；另一方面，在接应对方的话题自我发挥时，要符合逻辑发展的合理顺序，不能偏离主题。

三、积极合作，准确传情

交谈是双方合作完成的事情，"合作"是交谈双方必须遵守的游戏规则。有效交谈的重要前提是尊重对方，保持良好的合作态度。

古人讲"修辞立其诚"，用真诚的情感去交谈，会获得事半功倍的效果。真诚体现在尊重、理解、关心、鼓励四个方面：

1. 用尊重的态度平等地看待对方。

2. 用理解的心态接纳对方的喜怒哀乐。

3. 用关心的情怀关注对方的内心感受。

4. 用鼓励的语气激励对方积极发言。

行动评估

活动一：如何选择你的语言

如果你遇到以下情况，会选择什么样的语言？描述这种语言的特征，说明你选择的理由。

1. 到经理办公室找经理商量你的提薪问题。

2. 在展销会上向一对年轻夫妇推销豪华红木家具。

3. 在学生集会上演说，竞选学生会干部。

活动二：分析一下他们

如果准备进行以下活动，你需要分析你的听众。请分析一下你的听众。

1. 你代表公司前往一个居民区介绍你们公司的保健品。

2. 你是医药代表，前往一家医院推销某种药品。

3. 你参加某个公益活动，前往儿童福利院给孩子们讲解中华文明。

4. 你在工商管理局工作，接待一位首次前来投诉劣质种子的农民。

5. 你在一家电子产品商店工作，接待几个相约前来询问学习用平板的中学生。

学习评价

以小组为单位，展示各组在本节学习过程中收集的材料及取得的相关成果。根据下表提示，对本节所有的学习活动进行评价。

分值	评价项目	教师评分	自我评分
10	能够达成学习目标		
15	学习准备和计划实施效果		
15	能灵活使用相关资料		
20	有团队合作精神和良好沟通协调能力		
20	能较好地领会老师、同学的需求并耐心修改		
20	有清晰的思维和较好的语言表达能力		
	平均分		
	学习活动得分		

第五节　正确识别情绪，恰当调控表达

学习目标

一、能力目标

1. 在与他人交流时正确识别他人的情感表达，做成熟的交谈者。

2. 调控自我的情绪，准确恰当地表达自己的情感。

二、德育目标

1. 引导学生充分认识到情绪对于个人行为的重要性。

2. 加强学生情绪品质修养的培养，使其保持积极乐观、奋发向上的情绪状态。

案例引导

爱地巴跑圈

爱地巴有一个习惯：每次生气和人起争执的时候，他总是以很快的速度跑回家去，绕着自己的房子和土地跑三圈，然后坐在田地边喘气。爱地巴工作非常努力，他的房子越来越大，土地也越来越广，但不管房子有多大、土地有多广，只要与人争论生气，他仍然会绕着自己的房子和土地跑三圈。爱地巴为何每次生气都绕着房子和土地跑三圈呢？所有认识他的人，心理都起疑惑，但是不管怎么问，爱地巴都不愿意回答。

直到有一天，爱地巴很老了，他生了气，拄着拐杖艰难地绕着土地、房子走，等他好不容易走了三圈，太阳都下山了。爱地巴独自坐在田边喘气，他的孙子在身边恳求他："阿公，你已经年纪大了，这附近也没有人的土地比你更多了，您不能再像从前一生气就绕着土地跑啊走的了！您可不可以告诉我，为什么您一生气就要绕着土地和房子跑上三圈？"

爱地巴禁不起孙子的恳求，终于说出隐藏在心中多年的秘密。他说："年轻时，我若和人吵架、争论、生气，就绕着房子、土地跑三圈，边跑边想，我的房子这么小，土地这么少，我哪有时间、资格去跟人家生气呢，一想到这里，气就消了，于是就把所有时间用来努力工作。"孙子问道："阿公，你年纪大了，又变成最富有的人，为什么还要绕着房子、土地跑呢？"爱地巴笑着说："我现在还是会生气，生气时绕着房子、土地走三圈，边走边想，我的房子这么大，土地这么多，我又何必跟人计较呢，一想到这，气就消了。"

问题1：爱地巴跑圈给你带来了什么启示？

_____

_____

问题2：生活中的你，每次生气或和别人起争执的时候，你的心情是怎样的？你是怎样调整自己的情绪的？

_____

_____

我该让谁来决定我的行为

著名作家哈理斯和朋友在报摊上买报纸，朋友礼貌地向摊贩说了声"谢谢"，但摊贩冷脸相对，一言不发。哈理斯问道："这家伙态度很差，是不是？""他每天晚上都是这样的。"朋友说。哈理斯又问道："那你为什么还对他那么客气？"朋友答道："为什么我要让他决定我的行为呢？"

问题1：哈理斯朋友的做法对吗？换位思考，你会怎么做？

_____

_____

_____

问题2：你从这个故事中得到什么启示？

_____

_____

_____

能力训练

任务描述

每个同学在"情绪稳定性自我评定量表"上认真诚实地填写有关自己的内容，然后结合自己所填内容写一份300字左右的自我认知介绍。

任务目标

正确识别、调控和准确表达情绪。

任务规则

1. 学生要实事求是地完成自我评定，字迹要清晰。

2. 填写自我认知介绍时，禁止讨论。

3. 自我认知的内容要客观，语言尽可能幽默诙谐。

4. 教师进行考核，记录结果并纳入学生的学习评价中。

任务资料

1. 自我认知分析。

2. 情绪控制举例。

　　某同学动不动就爱发脾气。只要稍有不顺心的事，他就控制不住自己的情绪，总要拿某个人或某件东西来发泄。上课玩东西被老师批评了，他就跟老师发脾气说："小心你家玻璃窗。"同学扫地时不小心碰到了他，他就骂同学。人人都把他当成班里的不定时炸弹，都离他远远的。

任务实施

一、自我分析

情绪稳定性自我评定量表

仔细阅读下列30个问题。每一个问题后面各有A、B、C三种答案，请按照自己的真实情况任选其一。

1. 看到自己最近一次拍摄的照片，你有何想法？

    A. 觉得不称心   B. 觉得很好   C. 觉得可以

2. 你是否想到若干年后会有什么使自己极为不安的事？

    A. 经常想到   B. 从来没有想过   C. 偶尔想到过

3. 你是否被朋友、同事、同学起过绰号或挖苦过？

    A. 这是常有的事   B. 从来没有   C. 偶尔有过

4. 你上床以后是否经常再次起来一次，看看门窗是否关好？

    A. 经常如此   B. 从不如此   C. 偶尔如此

5. 你对与你关系最密切的人是否满意？

    A. 不满意   B. 非常满意   C. 基本满意

6. 在半夜的时候，你是否经常觉得有什么值得害怕的事？

    A. 经常有   B. 从来没有   C. 偶尔有

7. 你是否经常因梦见可怕的事而惊醒？

    A. 经常有   B. 从来没有   C. 极少有

8. 你是否有过多次做同一个梦的情况？

    A. 是   B. 否   C. 记不清

9. 是否有一种食物使你吃后呕吐？

    A. 是   B. 否   C. 记不清

10. 除去看见的世界外，你心里是否有另外一种世界？

    A. 是   B. 否   C. 偶尔是

11. 你是否经常觉得你不是现在的父母亲生的？

    A. 是   B. 否   C. 偶尔是

12. 你是否曾经觉得有一个人爱你或尊重你？

    A. 说不清   B. 否   C. 是

13. 你是否常常觉得你的家庭对你不好，但你又确知他们的确对你好？

　　　　A. 是　　　　　　　　　B. 否　　　　　　　　C. 偶尔是

14. 你是否觉得没有人十分了解你?

　　　　A. 是　　　　　　　　　B. 否　　　　　　　　C. 说不清

15. 在早晨起来的时候, 你最经常的感觉是什么?

　　　　A. 忧郁　　　　　　　　B. 快乐　　　　　　　C. 讲不清楚

16. 提及秋天, 你的感觉是什么?

　　　　A. 秋雨霏霏或枯叶遍地　　B. 秋高气爽或艳阳天　　C. 不清楚

17. 在高处的时候, 你是否觉得站不稳?

　　　　A. 是　　　　　　　　　B. 否　　　　　　　　C. 偶尔是

18. 你平时是否觉得自己很强健?

　　　　A. 否　　　　　　　　　B. 不清楚　　　　　　C. 是

19. 你是否一回家就立刻把房门关上?

　　　　A. 是　　　　　　　　　B. 否　　　　　　　　C. 不清楚

20. 当你坐在房间里把门关上时, 是否觉得心里不安?

　　　　A. 是　　　　　　　　　B. 否　　　　　　　　C. 偶尔

21. 当需要你对一件事做出决定时, 你是否觉得很难?

　　　　A. 是　　　　　　　　　B. 否　　　　　　　　C. 偶尔是

22. 你是否常常用抛硬币、玩纸牌、抽签之类的游戏来测吉凶?

　　　　A. 是　　　　　　　　　B. 否　　　　　　　　C. 偶尔是

23. 你是否常常因为碰到东西而跌倒?

　　　　A. 是　　　　　　　　　B. 否　　　　　　　　C. 偶尔是

24. 你是否需用一个多小时才能入睡, 或醒得比你希望的早一个小时?

　　　　A. 经常这样　　　　　　B. 从不这样　　　　　C. 偶尔这样

25. 你是否曾看到、听到或感觉到别人觉察不到的东西?

　　　　A. 经常这样　　　　　　B. 从不这样　　　　　C. 偶尔这样

26. 你是否觉得自己有超越常人的能力?

　　　　A. 是　　　　　　　　　B. 否　　　　　　　　C. 不清楚

27. 你是否曾经因有人跟你走而心里不安?

　　　　A. 是　　　　　　　　　B. 否　　　　　　　　C. 不清楚

28. 你是否觉得有人在注意你的言行?

　　　　A. 是　　　　　　　　　B. 否　　　　　　　　C. 不清楚

29. 当你一个人走夜路时，是否觉得前面潜藏着危险？

    A. 是   B. 否   C. 偶尔

30. 你对别人自杀有什么想法？

    A. 可以理解   B. 不可思议   C. 不清楚

【计分与评价】

以上各题的答案，凡选A的得2分，选B的得0分，选C的得1分。请将你的得分统计一下。用你的总分对照下面的评价表，便可知你的情绪稳定水平。

评价表

总分	情绪稳定水平
0～20分	情绪稳定，自信心强
21～40分	情绪基本稳定，但较为深沉、冷静
41分以上	情绪极不稳定，日常烦恼太多

二、自我认知介绍

根据情绪稳定性自我评定量表的结果，恰当地组织文字，在20分钟内写一篇300字左右的自我认知介绍。介绍文字可回忆和阐述你最为深刻的一次情绪变化，回忆一下你是怎么解决的，语言尽可能幽默诙谐。教师挑选优秀的学生作品在全班进行交流，并予以点评。

_____

_____

_____

_____

_____

_____

_____

_____

_____

任务反馈

1. 根据学生情绪稳定性自我评定量表评定的结果，有针对性地和部分学生进行交流。

2. 教师对部分学生的自我认知介绍作业进行点评。

知识拓展

一、如何正确认识他人情绪

情感的产生大都与人的社会需要相联系，一般具有较强的稳定性，较多地用于表达感情的内容；情绪则常常作为情感的表现形式，具有较强的情景性、激动性和短暂性。认识他人的情感、情绪，主要有两个途径：

（一）从语言内容的直接表达（言内之意）和间接表达（言外之意）中去识别情绪。表达者语言中直接表现的鲜明态度和明确的情感倾向，一般比较容易理解和把握，比较难把握的是那些隐晦曲折的情感。体现在言语之外的情绪，要正确地识别，需要在不断的交往中去熟悉去感知，需要历练。

（二）"察言观色"是一种认识他人情绪的重要途径。认识对方交流时的情绪可以通过其交流中的身体语言来认识，这是辨明对方表达的语义和伴随的态度（情感、情绪）的重要方式。

体态语言是能比较明确地传递语言表达者心理活动的信息符号。人们用不同的身态语言表达感情，喜悦、悲伤、愤怒、激动、消沉、平和、紧张、轻松、厌恶等情绪都会在体态语言中显露，形式十分丰富。和语言的表达一样，特别极端和明显的情绪比较容易识别，难的是那些不露声色的情绪表现，要识别它们需要我们有敏锐的观察力、丰富的感知力。

人们出于各种需要与人交流，当需要得到满足时，人们会心悦诚服，否则会无精打采、厌烦甚至反感。在交流讨论中，要随时注意接收对方的反馈信息，特别需要注意对对方厌烦情绪的认知。当别人感到不可忍耐时，你还唠叨没完，当别人已感到厌倦时，你还在自吹自擂等，这样的交谈，无论你怎样贴近主题，都不会有好的交际效果。

二、如何在交流中调节自己的情绪

语言交流是信息和情感的交流，引起对方情感的变化是交谈沟通的目的之一。无论是交谈前还是交谈中，为了保证正确有效的情感交流，都需要根据对方的情感变化和情绪反应及时调节自己的情绪。

(一) 及时调节情绪

情绪调节是适应外界情境和人际关系需要的动力调整过程，是沟通的重要组成部分。无论是积极的还是消极的情绪，进入交流沟通过程中，均需要进行调节。对消极感情的调节，更多的是抑制；对积极感情的调节，主要是强化和管理。我们应通过自我调节达到积极情绪和消极情绪之间的平衡。

(二) 当交谈中遇到棘手的问题时，要保持冷静

不管是正性的还是负性的情绪，当情绪来临时，保持冷静的头脑至关重要。

(三) 感受各个不同水平层次的情绪体验

情绪可以发生在感觉的水平层次，也可以发生在认知的水平层次；可以发生在意识下的水平层次，也可以发生在意识上的水平层次；可以发生在非词语水平层次，也可以发生在词语水平层次。情绪体验是在情绪发生时，心理上各种不同层次、不同水平整合后的感受。

比如，当你在交谈中和别人吵了架后，几个小时都在烦躁易怒之中，实际上它还在你的意识层面之下涌动翻腾，并支配你的愤怒反应。一旦这种反应进入意识层面，你就可以重新评价此事，即决定是否消除先前的遭遇留下的感受、改变观点或转化情绪状态。

情绪是一种相对独立的心理过程，它既可以有自身的信息加工过程，又可以参与到认知加工的过程中。

三、在交谈沟通中如何恰当表达情绪

(一) 了解情绪表达的几种基本类型

在交流中，有一些约定俗成的情绪表达规则。其基本的类型有四种：

◆ 直接。直接表现自己的真实情绪，喜怒哀乐，溢于言表。

◆ 缩减。将某些情绪的外部表现降低到最低的限度。比如，与上级、长辈或某些客户交谈时，有时需压抑自己的情绪，缩减自己情绪的表现程度。

◆ 夸张。有意地突出、放大某种情绪，以获得某些好处。如运动员被撞后，跑到裁判员那里，故意做出夸张的痛苦表情，使裁判讹为他受到严重的冲撞，从而判对方犯规。

◆ 替代。如果某种情绪可能伤害到别人，就将它掩藏起来，代以其他甚至相反的不具有伤害性的表情。例如，你接受了一件不喜欢的礼物，不能当着送礼人的面表露自己的真实情绪，而应有礼貌地面带微笑向送礼人表示感谢。

（二）把握情绪表达的基本规则和方法

1. 真诚坦率地表达情绪

真诚坦率是表达情绪的根本原则。古人讲"修辞立其诚"，真诚坦率的表达，并且口头语言和体态语言和谐统一，是获得最佳交流效果的基本前提。除了在某些场合的竞争和谈判博弈的交流中需要巧妙地掩饰和虚张外，去掉虚假做作的表情、大胆真诚地表达自己的情绪总是受欢迎的。

2. 在不伤害别人的前提下表达情绪

在交流中，一些不好的情绪常常会伤害别人。例如，当你需要礼节性地和别人交谈时，如果你对他的谈话不感兴趣，可能会无意识地表现出一些小动作，像打哈欠、看手表或晃动身体等。这些小动作很可能会引起对方的注意，并伤害他的自尊心，因此，真诚表达自我的情绪还必须以尊重别人为前提，当伤害到他人时，应该运用缩减和替代或其他的方式巧妙地表达自己的情绪，以使交流讨论获得最佳效果。

3. 运用语言艺术手法巧妙表达情绪

在语言艺术中，人们创造的多种修辞手段，可以巧妙地表达真实的情感，恰当显现自己的各种情绪，如词语的感情色彩的选择、"夸张""避讳""委婉""比喻""借代""比拟"等修辞手法的运用等。学会使用这些修辞手法，是适度表达情绪、会说巧说的重要能力。

行动评估

活动一：情感体验

选择一个伙伴，与他充分交流，观察其情绪的变化，写一份感受报告。

1. 选择最美的语言赞美他的优点，观察其表情变化和反馈并记录下来。

2. 选择难听和令人厌恶的语言来交谈，观察伙伴的感受和反应。

把你所感觉到的东西以及感受写出来，看看对自己有什么启发。

活动二：自我评估

1. 情绪伴随人的一生，对人的行为影响很大。你是如何面对负向的情绪和建设正向的情绪的？

2. 当前自己快乐吗？是哪种层次的快乐？

3. 在学习和生活中遇到不顺心的事情时，你如何调节自己的情绪？如何表达自己的情绪？

活动三：小组评估

小组交流。畅谈自己认为正确敏锐识别他人情绪、恰当表达自己情绪的最好的一次交流活动，与大家分享体会。

小组互评。每人点评一位组员的情绪识别和恰当表达的能力状况，并提出提高情绪表达能力的建议。

学习评价

以小组为单位，展示各组在本节学习过程中收集的材料及取得的成果。根据下表提示，对本节所有的学习活动进行评价。

项目	评价内容	评价指标			评价方式		
		很少	一般	经常	生评	组评	师评
表现意愿	你大胆发言了吗？						
	小组合作中你和同学合作交流、讨论了吗？						
	你愿意向老师和同学质疑问难吗？						
	你愿意在老师和同学面前表演吗？						
	等级：（被动、主动或积极表现型）						
表现能力	你的发言精彩吗？						
	小组合作中，你能起到主导作用吗？						
	你的提问有价值吗？						
	你的表演精彩吗？						
	等级：（模仿、求异或创新表现型）						
	总评：						

第六节 领会言外之意，有效解读信息

学习目标

一、能力目标

1.学会有效倾听，强化解读能力。

2.掌握言外之意解读的基本方法。

二、德育目标

1.全面发展，提高学生个人修养以及个人魅力、职业素养。

2.学会高效沟通的技巧，建立和谐的人际关系。

案例引导

小金人的故事

曾经有个小国的人到中原大国来，进贡了三个一模一样的金人，把皇帝高兴坏了。可是这小国的人不厚道，同时出了一道题目：这三个金人哪个最有价值？

皇帝想了许多的办法，请来珠宝匠检查，称重量，看做工，都是一模一样的。怎么办呢？使者还等着回去汇报呢。偌大国家不会被这个问题难住吧？

最后，有一位退位的老臣说他有办法。

皇帝将使者请到大殿，老臣胸有成竹地拿出三根稻草分别插入金人的耳朵里。插入第一个金人耳朵里的稻草从另一边耳朵出来了，插入第二个金人耳朵里的稻草从嘴巴里直接掉了出来，而插入第三个金人耳朵里的稻草直接掉进了肚子里，什么响声也没有。老臣说："第三个金人最有价值。"使者默默无语，答案正确。

问题1：为什么说第三个金人最有价值？前两个金人有什么问题？

_____

_____

_____

问题2：通过第三个金人你得到了什么启示？

_____

_____

_____

煮熟的鸭子为何飞了

有一次，一位顾客向酒店订宴席。服务员小张接待了他，向他推荐了一种既经济、实惠又体面的酒席，顾客听了很满意，打算先付定金。但就在这时，顾客却突然变卦，掉头离去。顾客明明很满意，为什么突然改变主意了呢？小张想了一下午，仍然没有头绪。到了晚上，他忍不住按照联系簿上的电话号码联系到那位顾客。"您好，今天下午您来我们店订宴席，明明都谈好了，您为什么突然改变了主意？""哦，你真的想知道原因吗？""是的，我检讨了一下午，实在想不出哪里出了错，因此特地打电话向您讨教。""很好！你现在在认真听我说话吗？""非常认真。""可是下午的时候，你根本没有用心听我讲话。就在我决定付定金之时，我提到是为我儿子考上大学而庆祝的，我以他为荣，但你却毫无反应，而是在专心地和另一个同事讲笑话。"

问题1：案例中的小张销售失败的问题出在哪里？

_____

_____

_____

问题2：在现实生活和学习中，你遇到过哪些因为缺乏有效倾听而错失良机或产生误解的情况？

_____

_____

_____

能力训练

任务描述

每个同学在"倾听能力测试问卷"上认真诚实地填写有关自己的内容，然后结合自己所填内容写一份200字左右的自我认知介绍。

任务目标

学会有效倾听，领会言外之意。

任务规则

1. 学生要实事求是地完成测试问卷，字迹要清晰。

2. 填写自我认知介绍时，禁止讨论。

3. 自我认知介绍的内容要客观，语言尽可能幽默诙谐。

4. 教师进行考核，记录结果并纳入学生的学习评价中。

任务资料

1. 自我认知用语。

2. 主动有效倾听举例。

生意人的启示

一个印刷业主得知另一家公司打算购买他的一台旧印刷机，非常高兴。经过仔细核算，他决定以250万元的价格出售，并想好了理由。当他坐下来谈判时，内心深处仿佛有个声音在说："沉住气。"终于，买主按捺不住，开始滔滔不绝地对机器进行褒贬。卖主依然一言不发。这时买主说："我们可以付您350万元，但一个子儿也不能多给了。"不到一个小时，买卖成交了。

任务实施

一、自我分析

倾听能力测试问卷

请回答以下15个题目，对每个问题回答"是"或"否"，请根据你最近在沟通中的表现如实填写。

（　　）1. 我常常试图同时听几个人的交谈。

（　　）2. 我喜欢别人只给我提供事实，让我自己做出解释。

（　　）3. 我有时假装在认真听别人说话。

（　　）4. 我认为自己不是言语沟通方面的高手。

（　　）5. 我常常在别人说话之前就知道他要说什么。

（　　）6. 如果我对和某人交谈不感兴趣，常常通过注意力不集中的方式结束谈话。

（　　）7. 我常常用点头、皱眉等方式让说话人了解我对他说话内容的感觉。

（　　）8. 常常别人刚说完，我就紧接着谈自己的看法。

（　　）9. 别人说话的同时，我也在评价他的内容。

（　　）10. 别人说话的同时，我常常思考接下来我要说的内容。

（　　）11. 说话人的谈话风格常常会影响到我对内容的倾听。

（　　）12. 为了弄清对方所说的内容，我常常提问，而不是进行猜测。

（　　）13. 为了理解对方的观点，我总会认真倾听。

（　　）14. 我常常听到自己希望听到的内容，而不是别人表达的内容。

（　　）15. 当我和别人意见不一致时，大多数人认为我理解了他们的观点和想法。

倾听能力测试答案

以下所示15个问题的正确答案是根据倾听理论得来的。

（1）否　　　（2）否　　　（3）否　　　（4）是　　　（5）否

（6）否　　　（7）否　　　（8）否　　　（9）否　　　（10）否

（11）否　　　（12）是　　　（13）是　　　（14）否　　　（15）是

倾听能力测试结论

请把错误答案的个数加起来，乘以7，再用105减去它，得数就是你的最后得分。如果你的得分在91~105之间，那么恭喜你，你有良好的倾听习惯；得分77~90表明你还需要在很大程度上加以提高；要是你的得分不到76分，很不幸，你是一位很差劲的倾听者，在倾听的技巧上就要多下功夫了。

二、自我认知介绍

学生根据倾听能力测试问卷的结果，恰当地组织文字，在20分钟内写一份200字左右的自我认知介绍，谈谈倾听在你的日常生活及学习中的重要性，语言尽可能幽默诙谐。教师挑选优秀的学生作品在全班进行交流，并予以点评。

_____

_____

_____

_____

_____

任务反馈

1. 教师根据倾听能力测试问卷评定的结果，有针对性地和部分学生进行交流。

2.教师对每位学生的自我认知介绍作业进行点评。

知识拓展

一、了解倾听的几个层次

1. 倾听是一种主动的过程

在倾听时要保持高度的警觉性，随时注意对方谈话的重点，就像飞碟选手打飞碟一样。每个人都有其立场及价值观，因此，你必须站在对方的立场，仔细地倾听他所说的每一句话，不要用自己的价值观去妄自指责或评断对方的想法，要与对方保持共同理解的态度。

2. 鼓励对方先开口

首先，倾听别人说话本来就是一种礼貌，愿意听表示我们愿意客观地考虑别人的看法。这会让说话的人觉得我们很尊重他的意见，有助于双方彼此接纳并建立融洽的关系。其次，鼓励对方先开口可以降低谈话中的竞争意味。我们的倾听可以培养开放的气氛，有助于彼此交换意见。说话的人由于不必担心竞争的压力，也可以专心掌握重点，不必忙着为自己言语中的矛盾之处寻找遁词。第三，对方先提出他的看法，你就有机会在表达自己的意见之前，掌握双方意见一致之处。倾听可以使对方更加愿意接纳你的意见，让你更容易说服对方。

3. 切勿多言

其实说和听并不容易。某富翁以说得少听得多而著名。大家都知道他曾在重要的业务会议中从开始坐到结束一言不发。有一次他告诉身边的人："人长了两只耳朵一张嘴是有原因的，我们应该听得比说得多。"为了避免说得太多而丧失开发业务的机会，有些训练者建议利用"火柴燃烧法"：假想你的手上拿着一支燃烧的火柴，当你认为火焰即将烧到手指时停止说话，寻求其他人的回应。

4. 切勿耀武扬威或咬文嚼字

你倾听的对象可能会因为你的态度而胆怯或害羞，他们可能因为不想让自己说的话听起来口齿不流利而变得自我保护。即使你是某一个话题的专家，也不应过于强势与张扬，有时仍应学习保持沉默，同时表示你希望知道得更多。

5. 表示兴趣，保持视线接触

聆听时，必须看着对方的眼睛。你是否在认真听和吸收说话的内容，说话者是根据你是否看着他来做出判断的。没有比真心对人感兴趣更使人受宠若惊的了。

6.专心，全神贯注，表示赞同

告别心不在焉的举动与表现，排除使你分心的事物以培养专心的能力。点头或者微笑就可以表示赞同正在说的内容，表明你与说话人意见相合。人们需要有这种感觉，即你在专心地听着。把可以用来信手涂鸦或随手把玩等使人分心的东西（如铅笔、钥匙串等）放在一边，你就可以免于分心了。人们总是把乱写乱画、胡乱摆弄纸张、东张西望或看手表等解释为心不在焉，这些应该引起我们的重视和注意。

7.让人把话说完，切勿妄下结论

你应该在确切地知道别人完整的意见后再做出反应，别人停下来并不表示他已经说完想说的话。让人把话说完整并且不插话，这表明你很看重沟通的内容。人们总是把打断别人说话视为对对方的不尊重。

虽然打断别人的话是一种不礼貌的行为，但是"乒乓效应"则是例外。所谓的"乒乓效应"是指听人说话的一方要适时地提出许多切中肯綮的问题或发表一些意见、感想，来响应对方的说法。还有，一旦听漏了一些地方，或者是不懂的时候，要在对方的话暂时告一段落时，迅速地提出疑问。

将军尝汤

某将军为了显示他对部下生活的关心，搞了一次参观士兵食堂的突然袭击。在食堂里，他看见两个士兵站在一个大汤锅前。

"让我尝尝这汤！"将军向士兵命令道。

"可是，将军……"士兵正准备解释。

"没什么'可是'，给我勺子！"将军拿过勺子喝了一大口，怒斥道，"太不像话了，怎么能给战士喝这个？这简直就是刷锅水！"

"我正想告诉您这是刷锅水，没想到您已经尝出来了。"士兵答道。

只有善于倾听，才不会做出像这位将军这样鲁莽的事。

8.鼓励别人多说

对交谈中出现的精辟见解、有意义的陈述或有价值的信息，要真诚地赞美。例如："这个故事真棒！""这个想法真好！""您的意见很有见地！"如果有人做了你欣赏的事，你应该及时奖励他。良好的回应可以激发很多有用而且有意义的谈话。

9. 让别人知道你在听

偶尔说"是""我了解"或"是这样吗？"，暗示说话的人你在听，而且你有兴趣。

10. 使用并观察肢体语言，注意非语言性的暗示

对方说的话实际上可能与非语言方面的表达互相矛盾，所以要学习解读情境。当我们在和人谈话的时候，即使我们还未开口，我们内心的感觉就已经透过肢体语言清清楚楚地表现出来了。听话者如果态度封闭或冷淡，说话者很自然地就会特别在意自己的一举一动，也不会愿意敞开心扉。

从另一方面来说，如果听话的人态度开放，对对方的表述很感兴趣，那就表示他愿意接纳对方，很想了解对方的想法，说话的人就会受到鼓舞。而这些肢体语言包括自然的微笑（不要交叉双臂，手不要放在脸上）、身体稍微前倾、常常看对方的眼睛、点头。要注意弦外之音，注意没有说出来的话、没有讨论的信息或观念及答复不完全的问题。

11. 接受并予以回应

要确认自己所理解的是否就是对方所讲的，你必须重点式地复述对方所讲过的内容，如"您刚才所讲的意思是不是指……""我不知道我的理解对不对，您的意思是……"。

12. 暗中回顾，整理出重点，并提出自己的结论

当我们和人谈话的时候，我们通常都会有几秒钟的时间，可以在心里回顾一下对方的话，整理出其中的重点所在。我们必须删去无关紧要的细节，把注意力集中在对方想说的重点和对方主要的想法上，并且在心中熟记这些重点和想法，并在适当的情形下给对方以清晰的反馈。

二、高效沟通的技巧——积极反馈

一个完整的沟通过程是这样的：首先是信息的发出者通过"表达"发出信息，其次是信息的接收者通过"倾听"接收信息。对于一个完整的、有效的沟通来说，仅仅这两个环节是不够的，还必须有反馈，即信息的接收者在接收信息的过程中或过程后，及时地回应对方，以便澄清"表达"和"倾听"过程中可能出现的误解和失真。

1. 反馈的类别

反馈有两种：一种是正面的反馈；另一种叫作建设性的反馈。

正面的反馈就是对对方做得好的事情予以表扬，希望好的行为再次出现；建设性的反馈就是对对方做得不足的地方提出改进的意见。

请注意，建设性反馈是一种建议，而不是批评，这是非常重要的。

2. 如何给予反馈

（1）针对对方的需求

反馈要站在对方的立场和角度上，要针对对方最为需要的方面。例如，在半年绩效考核中，下属渴望知道上司对他工作和能力的评价，并期待上司能为自己指明下一步努力的方向。如果作为上司的经理人，在绩效考核之后不反馈，或者轻描淡写地说一下，则会挫伤下属的积极性。

（2）具体、明确

错误的反馈——"小李，你的工作真是很重要啊！"这种表述方式很空洞，小李也不知道为什么自己的工作就重要了，因而不能真正给他留下深刻的印象。

正确的反馈——"公司公文和往来信函是一个公司运行效率高低的表现，代表着一个公司的水平、精神和文化。小李，你的工作很重要。"这种对下属的反馈就不是空洞的、干巴巴的说教，能起到事半功倍的效果。

（3）有建设性

人们容易武断地对别人的意见或想法下结论，有的甚至带着批评或蔑视的语气。如"你的想法根本就行不通！""小伙子，你还是太年轻了！"等，弄得别人很没趣，结果挫伤了别人主动沟通的积极性。如果我们换一种态度，以建设性的、鼓励的口气给别人反馈，效果就会不同。比如："小王，你的意见很好，尽管有些想法目前还不能实现，但是，你很动脑筋，很关心咱们部门业务的开展。像这样的建议以后还要多提啊！"

（4）对事不对人

积极的反馈就事论事，忌讳伤害别人的面子和人格尊严。带有侮辱别人的话语千万不要说，比如"你是猪脑子啊！没吃过猪肉还没有看过猪跑？"之类的言语，只能加深双方的敌对和对抗情绪，与最初的沟通愿望适得其反。

3. 如何接受反馈

接受反馈是反馈过程中一个十分重要的环节。在接受反馈时应该做到以下几点：

（1）耐心倾听，不打断别人的反馈

接受反馈时，一定要抱着谦虚的态度，以真诚的姿态倾听他人反馈意见。无论这些意见在你看来是否正确和是否中听，在对方反馈时都要暂时友好地接纳，不能打断别人的反馈或拒绝接受反馈。打断反馈包括语言直接打断，比如"不要说了，我知道了！"；也包括肢体语言打断，比如不耐烦的表情、姿势等。如果你粗鲁地打断别人对你的反馈，就表示着沟通的中断和失败，这样你就了解不到对方更多甚至更重要的信息。

（2）避免自卫

自卫心理是每一个人本能的反应。对方在向你反馈时，如果仅仅站在自己的立场上挑肥拣瘦地选择是否接受，一旦听到对自己不利、不好或不想听的东西，就急忙脸红脖子粗地去辩解或辩论，明智的另一方会马上终止反馈。

（3）表明态度

别人对你反馈之后，自己要有一个明确的态度，比如理解、同意、赞成、支持、不同意、保留意见、怎么行动等。不明确表示自己对反馈的态度与意见，对方会误以为你没有听懂或内心对抗，这样就会增加沟通成本，影响沟通质量。

三、借助多种方法，领会言外之意，避免"不解"

人们运用语言交流的意图、目的有时表现在话语形式之中，有时却在话语的形式之外，形成隐含的语义。领会言外之意，是准确听解的重要任务，也是语言交流的高境界。言外之意是口语交际的一个重点，也是我们在日常生活领域和特定场合下经常用到的一种说话方式，更是衡量一个人的应变能力、个人修养以及人格魅力的一个重要方面。

领会言外之意需要借助多种手段：

1.结合语境理解言外之意

语境是语言交流的情景，是交际中不可缺少的重要因素。理解语言，必须借助具体的交流情景来理解其真实含义。

语境分背景和情景。背景指社会的、文化的、时代的因素，情景指的是具体的交流环境，何时、何地、何人、何事、何由等。不同的语境制约着话语的表达，在不同的语境中理解话语，能准确解读语言的真意和言外之意。比如，同样一句"今天是星期天了"，在不同的语境、对不同的人说会有不同的言外之意：对埋头苦干的人说是劝慰休息；对没有完成任务者说就是催促完工；对事先有约者说是提醒履约……结合不同的语境，可以补充出不同的语义。

2.探究表达意图，理解言外之意

先看案例：

    20世纪50年代初，周总理有一次接受美国记者采访，他随手将美国派克笔放在桌上。记者刁难式提问："总理阁下，您是堂堂的中国总理，为什么还要用我们美国生产的钢笔呢？"总理回答："提起这钢笔，那可就话长了。这不是一支普通的钢笔，而是从朝鲜战场上得到的战利品，是一位朝鲜朋友作为礼物送给我的。我觉得很有意义，就收下了贵国的这支笔。"

虽然美国记者的问话具有讽刺意味，即你们中国连钢笔也生产不出来；但很显然，周总理读出了美国记者的意图，理解了他的言外之意，用智慧的回答非常巧妙地暗示对方：这支钢笔是侵朝美军败于中朝军民的见证物，你不要狂妄。

3.揣摩词语的隐含意义

有时候，从话语中可以揣摩出表达者的言外之意。

曹操废太子

    曹操很喜爱曹植的才华，因此想废了曹丕转立曹植为太子。当曹操就这件事征求贾诩的意见时，贾诩却一声不吭。曹操很奇怪地问："你为什么不说话？"

    贾诩说："我正在想一件事呢！"

    曹操问："你在想什么事呢？"

    贾诩答："我正在想袁绍、刘表废长立幼招致灾祸的事。"

    曹操听后哈哈大笑，立刻明白了贾诩的言外之意，于是不再提废曹丕转立曹植的事了。

贾诩的巧妙回答隐含了不同意曹操废太子之意，稍加揣摩，就可以解读出他话语中的言外之意。

4.结合非语言暗示，理解言外之意

有些言外之意需要借助语言的手段，但有的则需要借助副语言和体态语言来解读。在副语言中，不同的语气、语调、重音等，体现了用语的不同含义；同时，结合体态语言，如面部表情、身姿、手势等，都可以解读出话语中的深刻含义和言外之意。

5.了解性格类型，理解言外之意

不同的人有不同的性格，表现出不同的语言表达特点：有的人性格外向直率，话语直截了当；有的人内敛含蓄，情绪不易外露。在交流中，结合对方的性格可以帮助我们理解对方话语的深层含义。

行动评估

活动一："爱心大行动"——分析言外之意

在"爱心大行动"的沟通中，对方的一些意图在有些话语里可能不会直接表达出来。找出你们活动当中的一些典型案例，在小组内分析并讨论：在语言交流中怎样才能有效倾听？怎样才能准确理解对方的信息？

活动二：分析案例

分析案例《煮熟的鸭子为何飞了》（见本书54页），思考后回答：如果你是小张，今后再碰到这样的事情应该如何去面对？

提示：运用倾听的12个技巧。

活动三：角色扮演，理解言外之意

活动目的：让学员们体验在一定的情境下如何去倾听，去理解、获取别人想要表达的言外之意，以及如何回应。

活动安排：全体学员参与，分小组进行。

背景介绍：小王是个很优秀的销售代表，在公司中业绩领先，但他最近有点消沉。一天下班以后，他来到你的办公桌旁，和你聊天。小王说："最近我用了整整一个月的时间做一家客户，但这个客户的销量还是不高。"

情境如下：

第一组同学演示小王在抱怨。

第二组同学演示小王表示无奈。

第三组同学演示小王在征求建议。

第四组同学演示小王希望得到指导。

准备结束后，每组请两位同学上台演示，别的学员注意观看。各组分别指出他们的演示中包含了哪些倾听的技巧，教师点评。

提示：

教师根据同理心倾听体验八个技巧对学员表现进行点评。点评要点如下：

小王在抱怨——当对方仅仅是向你抱怨的时候，你就不要给对方指导性的建议。他其实自己知道该怎么做，语言表达的意图只是想发泄一下而已。这个时候他需要一个很好的倾听者，你只要听着就可以了，适当的时候可以发表一些无关痛痒的抱怨。

小王表示无奈——当对方无奈的时候，可能对客户的能力有怀疑。言外之意可能需要和你分析一下客户的实际情况和公司的策略，这个时候你只要先安抚一下然后和他一起分析就可以了。

小王在征求建议——小王想从你这里得到建议，希望和你探讨一下怎样做这个客户的业务。当对方是在真正寻求你的帮助的时候，你可以和他一起分析这个市场情况，并给出你的建议。

小王希望得到指导——他这样说，可能是想换客户了，也可能已经有了候选客户。当对方想换客户时，言外之意可能是对更换客户信心不足，需要你给他鼓励。这个时候你只要鼓励他，并传授你更换客户的经验就可以了。

一、小组评估

分组训练理解言外之意。一位学员讲了一句话，其他学员说出自己对这句话的理解，写下来交给说话者，说话者评估接收者理解的准确程度。

例如：李小华正在阳台上浇花，楼下的刘阿姨说："小李，你真爱美啊，我晒的被子也锦上添花了。"

二、自我评估

在沟通交流中，你和对方"剑拔弩张"的原因是什么？你是如何处理的？你能够在哪些方面做出改进？

学习评价

以小组为单位，展示各组在本节学习过程中收集的材料及取得的成果。根据下表提示，对本节所有的学习活动进行评价。

项目	A级	B级	C级	个人评价	同学评价	教师评价
认真	上课认真听讲，作业认真完成，参与讨论态度认真	上课能认真听讲，作业按时完成，能参与讨论	上课无心听讲，经常欠交作业，极少参与讨论			
积极	积极举手发言，积极参与讨论与交流，大量阅读课外读物	能举手发言，能参与讨论与交流，能阅读课外读物	很少举手，极少参与讨论与交流，没有阅读课外读物			

项目	A级	B级	C级	个人评价	同学评价	教师评价
自信	大胆提出和别人不同的问题，大胆尝试并表达自己的想法	能提出自己的不同看法，并尝试表达想法	不敢提出和别人不同的问题，不敢尝试和表达自己的想法			
善于倾听	善于与人合作，虚心听取别人的意见	能与人合作，能接受别人的意见	缺乏与人合作的精神，难以听进别人的意见			
思维的条理性	能有条理地表达自己的意见，解决问题的过程清楚，做事有计划	能表达自己的意见，有解决问题的能力，但条理性差些	不能准确表达自己的意见，做事缺乏计划性、条理性，不能独立解决问题			
思维的创造性	具有创造性思维，能用不同的方法解决问题，能够独立思考	能用老师提供的方法解决问题，有一定的思考能力和创造性	思考能力差，缺乏创造性，不能独立解决问题			

我这样评价自己：

_____

_____

_____

伙伴眼里的我：

_____

_____

_____

老师的话：

_____

_____

_____

第二单元　演讲

第一节　做好演讲准备，调适紧张心理

学习目标

一、能力目标

1. 能够明确演讲的目标和主题。

2. 能够分析听众的需求。

3. 能在演讲前做好充足的准备。

二、德育目标

1. 培养对演讲及语言表达的兴趣，促进自我成长。

2. 建立良好的人际关系，更好地展示自我、实现自我、完善自我。

案例引导

（一）

1945年8月，日本无条件投降，麦克阿瑟被杜鲁门总统任命为驻日盟军总司令。9月7日，麦克阿瑟突然接到情报：在横滨登陆的美军受阻，日军几支敢死队誓死不降，准备决一死战，他们的后盾是25万精锐军队，而登陆的美军不到1万人。一场局部战争一触即发。紧要关头，麦克阿瑟不顾秘书"这是往地狱里跳"的劝阻，决定亲自去横滨日本军营走一趟。

9月8日，麦克阿瑟身着便装，只带一名文职秘书，来到横滨日军司令部。

250多名日军军官，个个腰挎军刀集中在司令部礼堂，荷枪实弹的敢死队队员也准备随时向这个美国人开枪。在两名日本军官的陪同下，麦克阿瑟沉稳地走上讲台，开始了他的演讲。

他首先简明扼要地论述了战局，接着转入正题，充满感情地讲道："战争中的主要角色是军人，是你们，还有我，但是我们应该是最先反对战争的人，因为战争的创伤总是最先落在和留在我们身上……在这场生死惨烈的战争中，你们的勇敢和坚韧是最令人钦佩的，我就险些成为你们的俘虏。但是现在战争结束了，你们的青春和生命的活力不应该仅仅表现在战场上，国家等待着你们去建设，幸福的生活在向你们招手，你们的亲人也在热切地盼望同你们团聚。因此，我希望你们放下武器，永远地放下，去做一名和平的使者，新生活的创造者……"

他的演讲一结束，台下便爆发出热烈的掌声，刚才誓死一战的日军敢死队员都陷入了沉思，剑拔弩张的气氛荡然无存。

很显然，麦克阿瑟的演讲俘获了他们的心。他用极富感情色彩的语言，编织了一张无形的网，把他的听众全部俘获。三天后，25万日军全都放下武器，自动投降。

1. 麦克阿瑟的演讲主题是＿＿＿＿＿＿＿＿，目标是＿＿＿＿＿＿＿＿。

2. 这次演讲成功的原因之一是麦克阿瑟以＿＿＿＿＿的身份，站在＿＿＿＿＿的立场上，从而淡化了他们的敌对情绪，使听众产生亲切感和信任感，把演讲者与自己视为一体。

3. 麦克阿瑟为什么要这么做？我们在演讲中如何才能做到这一点？

_____

_____

_____

（二）

卡耐基在《演讲的艺术》中提起这样一件事："我曾看到过有一名国会议员被听众的嘘声赶下古老的纽约剧院舞台。原因是他无意识地、不明智地把阐述问题作为他的演讲目的。当时正值战争时期，这位议员就向听众讲述国家是如何备战的，可是听众们想要的不是讲授，而是娱乐。出于礼貌，听众们还是很耐心地听着。然而，十分钟过去了，十五分钟过去了，听众们越来越希望演讲马上结束，可是，演讲者仍不慌不忙地絮叨着。终于，听众们忍不下去了，一些人开始喝倒彩，马上，另一些人也附和起来。那位迟钝的演讲者虽然也意识到听众的烦躁情绪，但他仍艰难地坚持下去。这无疑是火上浇油，听众们的烦躁变成了怒火，他们决定要让演讲者停止演讲，于是，抗议声越来越大，汇成了一股怒涛。这怒涛吞没了演讲者的发言，使他几乎听不清自己的话。终于，演讲者被迫放弃了演讲，在羞辱中接受了自己的失败，黯然退下舞台。"

1. 这位国会议员把＿＿＿＿＿＿＿＿＿＿＿＿＿＿＿＿＿＿作为演讲目的。

2. 听众带着＿＿＿＿＿＿＿＿＿＿＿＿＿＿＿＿＿＿的需求来听演讲。

3. 这个案例告诉我们，演讲要＿＿＿＿＿＿＿＿＿＿＿＿＿＿＿＿＿，
否则会失败。

能力训练

任务描述

为响应"大众创业，万众创新"的号召，在学院的支持和鼓励下，我们院系成立了创业小组。现招聘工作人员，要求应聘者能吃苦耐劳，有创新意识并有较好的团队意识和交流合作能力。请你准备一场两分钟左右的演讲，以进行竞职。

本节需要你做的是完成演讲能力评估量化，了解自己的演讲能力，确定演讲目标并进行听众分析，收集演讲资料并写出演讲提纲。

任务目标

测评个人演讲能力，了解和分析听众，收集资料，做好演讲前的准备，确定演讲思路。

任务规则

1. 按要求认真填写各项内容，字迹工整清晰。

2. 填写过程中禁止讨论。

3. 教师进行考核，记录结果并纳入学生的学习评价中。

任务资料

1. 在目标设置方面，一旦目标超过一个，就等于没有目标，所以这里面就有一个立等可用的演讲技巧。把你的演讲目标归纳提炼为一句话，反复使用，即便听众忘了其他的演讲内容，这句也忘不掉。你一听到"我有一个梦想"，就会想起马丁·路德·金，一听到"工匠精神"，就会想起罗永浩，这两个例子都是这种效果。

2. 林肯的演讲之所以能够被牛津大学刻成铜字放在图书馆里，很大原因在于他每次演讲都花费大量时间研究听众的需求，每次演讲都能抓住听众。他说："你给我一个小时去演讲，我会花三分之二的时间去了解听众想听什么，只花三分之一的时间考虑我想说什么。"

3. 曾经有一位著名的央视主持人采访养猪协会的会长。这个会长是一名地地道道的农民，主持人上午刚刚采访了市长，思路还没有调整过来，直接问："咱们会辐射了多少农户呀？"会长憋了半天，终于很不好意思地问："请问主持人，您说的'辐射'是什么意思？"主持人突然意识到自己说话欠妥，转而问养猪协会管了多少农户，这才缓解了双方的尴尬。面对不同文化水平的听众，演讲者的表达方式也应当有所不同，这样才能有好的表达、好的演讲、好的效果。例如：面对学历较高的听众时，演讲者的表述应当概括而深入；面对学历较低的听众时，演讲者的表述应当通俗而浅显。

任务实施

一、进行演讲能力评估量化，定位自己的演讲能力。

测试共8道选择题，请按你的真实情况进行选择。

演讲内容：

1. 我会在演讲前去了解听众的需求并据此确定演讲内容。

  A. 几乎总是 B. 通常是 C. 偶尔做到 D. 很难做到

2. 我会围绕几个关键点进行演讲，这些关键点能给听众留下深刻印象。

  A. 几乎总是 B. 通常是 C. 偶尔做到 D. 很难做到

3. 演讲中，我可以运用故事或生动的比喻帮助人们感觉到、看到我正在描述的事物。

  A. 几乎总是 B. 通常是 C. 偶尔做到 D. 很难做到

4. 上台后的每个阶段，我很清楚我会讲什么，不会有忘词、前后不连贯等情况。

  A. 几乎总是 B. 通常是 C. 偶尔做到 D. 很难做到

演讲风格：

1. 演讲和说话中，我能观察并理解听众的细微变化，在需要的时候及时调整自己。

  A. 几乎总是 B. 通常是 C. 偶尔做到 D. 很难做到

2. 我会和听众建立联系，并用能和听众产生共鸣的话题开始演讲。

  A.几乎总是 B.通常是 C.偶尔做到 D.很难做到

3.在一大群人面前我能轻松自如地运用手势和眼神交流，从来不会感到尴尬。

  A.几乎总是 B.通常是 C.偶尔做到 D.很难做到

4.讲话时，我知道如何运用节奏、音调和音量来表现讲述内容的细微差别和变化。

  A.几乎总是 B.通常是 C.偶尔做到 D.很难做到

计分规则：

题目分值：几乎总是=10分，通常是=6分，偶尔做到=3分，很难做到=1分。

分别将"演讲内容"和"演讲风格"计分，与下图坐标系的四个象限相对应。

结果描述：

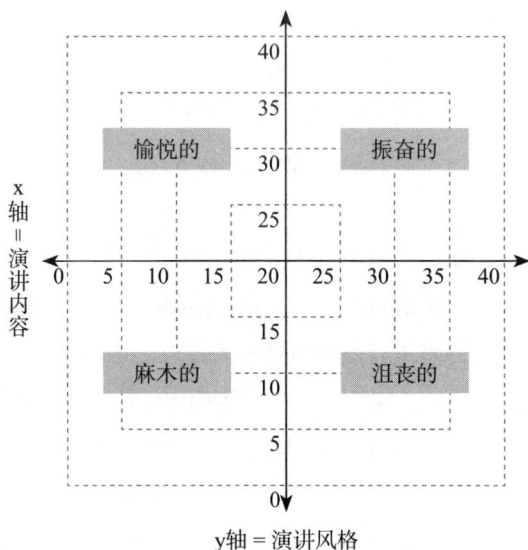

1.振奋的（演讲内容≥20分，演讲风格≥20分）（图片表示为右上方）

你的演讲内容通常都很精彩，干货十足，逻辑严谨。同时你的演讲方式丰富多变，可以有效地吸引听众的注意力。在演讲时，你有恰到好处的能量和激情，可以给听众带来很好的体验。你的演讲不仅能激励人们，还能极大程度地获得听众的好感。在接下来的课程中，你应该着重学习如何更高效地准备演讲，包括制作表格、使用卡片等，以更精准有效地传递价值。

2. 沮丧的（演讲内容≥20分，演讲风格≤20）（图片表示为右下方）

你的演讲更专注于内容，思想性较强，但声音和身体的表现不够自然。你阐述的观点明确，材料组织得当，内容也有针对性，但演讲风格可能是苍白沉闷、单调乏味的，听众很难与你持续互动，这会让他们倍感沮丧。在接下来的课程中，你应该着重学习演讲的台风（包括声音、形体、语言），观察听众的反应并把握演讲节奏。

3. 愉悦的（演讲内容≤20，演讲风格≥20）（图片表示为左上方）

听众很喜欢你的肢体动作、表情和语言风格，但你的演讲缺乏实质的内容。你需要进一步努力，使演讲更加清晰、简洁，主题更有深度。尽管此时你的演讲打动了听众，得到了听众的欣赏，但是听众并没有从中获得智力上的滋养。在接下来的课程中，你应该着重学习如何让自己的演讲内容变得充实，找准演讲内容的关键点，学会用沟通框架和演讲画布，将演讲内容串起来。

4. 麻木的（演讲内容≤20，演讲风格≤20）（图片表示为左下方）

你的演讲内容和风格数值都较低，听众可能难以理解你的意思，同时你也没有给听众留下风趣幽默的印象；因此，他们会对你的演讲不耐烦，从而出现走神、犯困等现象。不管是在演讲内容上还是演讲风格上，你都需要努力。

二、演讲前准备

（一）设定演讲目标

1. 我的演讲目标是＿＿＿＿＿＿＿＿＿＿＿＿＿＿＿＿＿＿＿＿＿＿＿。

2. 我想讨论＿＿＿＿＿＿＿＿＿＿＿＿＿＿＿＿＿＿＿＿＿的话题。

3. 我希望通过这个演讲，使听众＿＿＿＿＿＿＿＿＿＿＿＿＿＿＿＿＿。

（二）进行听众分析

1. 这次演讲的听众是＿＿＿＿＿＿＿＿＿＿＿＿＿＿＿＿＿＿＿＿＿。

2. 听众的身份地位＿＿＿＿＿＿＿＿＿＿＿＿＿＿＿＿＿＿；年龄层次
＿＿＿＿＿＿＿＿＿＿＿＿；性别比例＿＿＿＿＿＿＿＿＿＿＿；文化
背景＿＿＿＿＿＿＿＿＿＿＿；文化水平＿＿＿＿＿＿＿＿＿＿＿＿＿。

3. 他们希望听到什么？他们希望从我的演讲中得到什么？

＿＿＿＿＿＿＿＿＿＿＿＿＿＿＿＿＿＿＿＿＿＿＿＿＿＿＿＿＿＿＿＿

4. 他们对我演讲话题的了解程度如何？

＿＿＿＿＿＿＿＿＿＿＿＿＿＿＿＿＿＿＿＿＿＿＿＿＿＿＿＿＿＿＿＿

5.他们对我有看法吗？是什么看法？

_____

6.我的演讲会带给他们哪些收益？这些是他们需要的吗？

_____

_____

（三）根据设定的目标和听众分析结果，确定演讲主题

（四）根据以上内容，撰写简单的演讲提纲

三、学校举行演讲比赛，有同学搜集了以下一组故事，准备以"只有勤奋，青春才会足够美丽"为主题写一篇演讲稿

1.这组故事中不符合主题要求的两项是（　　　），因为_____。

① 高山流水　　　② 孙康映雪　　　③ 车胤囊萤

④ 宋濂抄书　　　⑤ 岳母刺字　　　⑥ 苏秦刺股

2.按照主题要求，请帮这位同学添加两个当代的故事素材并做简要叙述。

素材一：_____

_____

素材二：_____

_____

任务反馈

1.选取有代表性的作业，进行集体讨论并口头点评。

2.教师对每位学生的作业进行书面点评。

知识拓展

演讲准备的基本知识

演讲，对于我们学生或者职场人士来说都不陌生。我们会经历各种各样的演讲，例如学生时期班干部的竞职演说、工作时期的竞聘演说等。即便你从来没有做过正式演讲，也要经历一次次的会议讲话，甚至在日常人际交往中，你向别人陈述事实和意见时，都有演讲的成分在里面。

演讲是一种综合艺术，要真正掌握这种艺术并非易事。演讲包括很多方面的技巧，诸如声音的字正腔圆、吐字归音，形体的动作、面部表情和仪表礼节，控场、应变的方法，即兴说话的诀窍，论辩的艺术，对话的方法等。这些都需要我们进行系统的学习和运用。

在演讲之前,我们需要了解以下内容:

一、怎样确定演讲目标

任何一次演讲都需要有目标,目标是演讲者通过演讲期望产生的结果。演讲目标大致可分为以下几种:①告知情况;②说明事物;③说服他人。

告知情况:向听众传递事件的信息。如向大家讲述一件有意思的事;向新员工介绍公司情况,以帮助他们适应工作;销售经理在董事会上向大家介绍目前的公司业绩;等等。

说明事物:向听众说明某个事物状态的信息,如介绍产品的构造和使用的操作程序等。

说服他人:转变或加强听众的观点,使听众支持演讲者的观点,或采取演讲者期望的行动,如募捐演说、竞选演讲等。

二、到哪里去收集资料

围绕演讲的目标准备演讲内容就需要搜集相关资料。搜集有效信息资料的途径主要有四种:

1.上网查询,即通过互联网快速查询最新资料。

2.图书馆查询或到书店购买,即通过书籍、杂志、报纸寻找有关资料。

3.专家咨询,即向业内人士咨询了解。

4.市场调研,即设计调查问卷,通过与调查对象接触收集资料。

三、为什么要了解听众

演讲稿是讲给人听的,因此写演讲稿首先要了解听众对象。听众是你演讲的唯一理由,所以需要了解他们的思想状况、文化程度、职业状况,了解他们所关心和迫切需要解决的问题等。不看对象,演讲稿写得再下功夫,说得再天花乱坠,听众也会感到索然无味,也就达不到宣传、教育的目的。

了解听众的背景和需求是演讲准备的内容之一。

1.了解听众自然状况:人数、年龄、性别、职位、文化背景、与演讲者的关系等。

2.了解听众心理状态:他们有哪些偏好,他们对什么感兴趣,他们关注什么,他们遇到的问题是哪些等。

每一个演讲都有两个基本信息:演讲者传达的信息和听众接收到的信息。即使是听众认真在听，也未必能接收到所有的信息。人们到底想听到什么呢？其实很简单，听众一般都希望听到对他们有意义的话，因为人们都是以自我为中心的。在演讲的过程中，要做到为听众着想，尽量把你演讲的目标和听众的利益结合在一起。通常情况下听众利益可分两种情况：情感方面和逻辑方面。

逻辑方面的利益	情感方面的利益
金钱	认同感
安全、健康	成就
时间	安全感
生产力、效率	愉快
升级了的产品	自信

四、怎样写书面提纲

提纲如同建筑之前的设计图纸。有了提纲，照提纲演说，可以使演讲的内容连贯、结构完整。

提纲的内容包括：演讲的具体目标是什么；开场白如何说；如何在主体部分组织要点和论证材料；在结语部分说什么。

长度为10分钟的说服类演讲提纲示例：

1. 开场白（约1%的时间）；

2. 观众期待的收获（观点及简要阐述）（约4%的时间）；

3. 事实论据（约90%的时间）；

4. 结尾（强调观点，提出建议，感谢听众）（约5%时间）。

五、如何克服紧张心理

1. 熟悉演说的内容。演讲之前做好充分准备，进行必要的练习，特别是要把开头语说好，前面几句话说好说顺了，心理平静，紧张情绪就会慢慢解除。

2. 调整呼吸。演讲前做几次深呼吸，全身放松；想象一些美好或积极的事物，令自己感到愉快、轻松。

3. 积极暗示，给自己鼓劲。演讲前给自己一个积极正面的暗示：我是最棒的！我一定行！

行动评估

活动一：案例（"培养真正的人"主题演讲提纲）

一、培养真正的人，就是要把学生当成具有独立人格的完整的人，给予充分的尊重和信任

1. 不能单以分数论英雄。

2. 勿搞实用主义。

二、培养真正的人，首先自己要成为真正的人

1. 什么是真正的人？真正的人懂得爱自己尊重自己。（整合内心，接纳并宽恕自己）

2. 孜孜不倦的人格构建，持之以恒的心灵成长。（自己向自己学习，吾日三省吾身：遇事——无论是事前还是事后，"事情真是这样的吗？""我到底想要什么？"）

3. 快乐是一种能力。

4. 让忧郁随汗水流出。

三、爱，是美好师德的基石，也是它的最高境界

1. 把工作干成你的爱好，和职业一同成长。

2. 不断更新知识，用天空般的胸怀和海洋一样的学识滋养学生。

活动二：帮王新写一份演讲提纲

请以"购买新电脑，提高工作效率"为题，帮助王新写一份书面的演讲提纲。

活动三：为介绍一位你比较敬佩的名人（某艺术家、企业家、科学家、政治家等）做准备

当众介绍一位你比较敬佩的著名人物，并解释他成功的原因是什么，与大家分享你做准备的过程。

提示：

1. 介绍你演讲的题目和目的。

2. 介绍你收集的这位成功人士的有关材料。

3. 介绍你对听众的心理需求和特点的分析。

4. 介绍你演讲的提纲和准备演讲的辅助工具。

5. 介绍你的着装设计及心理准备的秘诀。

🎓 **学习评价**

以小组为单位，展示各组在本节学习过程中收集的材料及取得的成果。根据下表提示，对本节的学习活动进行评价。

评价内容	分值	评分		
		自我评价	小组评价	教师评价
本节的学习目标是否明确	5			
本节课的学习任务是否完成	10			
对"案例引导"内容的分析是否认真、透彻	15			
各项内容的填写是否认真	20			
素材搜集的完成情况	20			
"知识拓展"部分的内容是否掌握	15			
完成任务的时间安排是否合理	5			
学习过程中的自我表达能力	10			
合计				
综合平均得分				

第二节　把握演讲内容，保持层次清晰

🏔 **学习目标**

一、能力目标

1.掌握演讲稿的文体结构和内容结构。

2.具备撰写演讲稿的能力。

二、德育目标

1. 培养对演讲及语言表达的兴趣。

2. 更好地展示自我，实现自我价值。

案例引导

（一）

林肯葛底斯堡的演说长度不超过300个词。据说，当他演讲时，听众们如痴如醉。林肯是怎样准备他的演讲稿的呢？

当时，葛底斯堡公墓管理委员会邀请林肯为爱德华·埃弗里特的演讲"做些适当评论"。

林肯立即开始了准备工作。一两天后，当他到摄影长廊里为自己拍照时，又利用闲暇时间拿出埃弗里特的手稿反复阅读。数天里，无论是往返于白宫和战争指挥室之间，还是仰躺在战争指挥室的沙发上等待最新的无线战报时，他都不停地思考着。就在演讲的最后一个星期天，他告诉诺亚·布鲁克斯说："演讲稿还没有完全写好，还不够准确。其实我已重写了好几遍了，看来，我还得再琢磨琢磨，直至令人满意为止。"

就在献辞前一天晚上，林肯到了葛底斯堡，小镇早已人山人海。在当天晚上剩下的时间里，他又把演说稿斟酌了一遍。他甚至又到秘书的房间里大声朗读以征求意见。第二天早餐过后，他又继续斟酌演讲稿，直到有敲门声提醒他该出席了。

1. 林肯的袖珍演讲为什么获得成功？

2. 你认为演讲稿有没有必要提前写好？演讲稿有什么用？

（二）

1985年，冯骥才应邀到美国做演讲。他的开场白新颖独特，构思奇巧，让人赞叹。

演讲即将开始，大厅里座无虚席，鸦雀无声。主持人向听众介绍说："冯先生不仅是作家，还是画家，以前还是职业运动员。"简短介绍完毕，大厅里一片寂静，只等这位来自中国的作家开讲。

这时，冯骥才也十分紧张，因为美国人参加这类活动是极其严肃认真的，必定是西装革履，穿得整整齐齐。对演讲者要求很高，必须是口若悬河、机智敏锐，而且要幽默诙谐，否则他们就不买你的账，甚至会纷纷退场，让你下不了台。这台戏不好唱啊！只见冯骥才沉默了片刻，当着大家的面，把西服上衣脱了下来，又把领带解了下来，最后竟然把毛背心也脱了下来。听众都愣了，不知他葫芦里卖的是什么药。大厅里静得连掉根针都听得见。略停了一会儿，冯骥才开口慢慢说道："刚才主持人向诸位介绍了我是职业运动员出身，这倒引发了我的职业病。运动员临上场前都要脱衣服的，我今天要把会场当作篮球场，给诸位卖卖力气。"

独具一格的开场白，引得全场听众鼓掌欢呼。

1.冯骥才为何要当众做这些？

_____

2.中规中矩的开场白和别出心裁的开场白会给演讲带来什么样的不同效果？

_____

3.你认为，开场白重要吗？为什么？

_____

能力训练

任务描述

对于演讲者尤其是初学者来说，写好演讲稿是演讲成功的重要步骤。完成下列各项训练，初步掌握演讲稿写作的基本技巧。

任务目标

掌握演讲稿的写作技巧。

任务规则

1.按要求认真完成各项内容。

2.独立完成，禁止讨论。

3.教师进行考核，记录结果并纳入学生的学习评价中。

任务资料

1.戴尔·卡耐基："任何形式的演讲，开头总是关键。"

2.修改演讲稿的顺序是："先整体，后局部"，"先观点，后材料"。

3. 一位演讲者在题为《拥有快乐心情》的演讲结尾这样讲道：

在演讲的结尾，我愿意和大家分享一个有趣的故事。

从前有一个人，生活快乐，世界上的任何东西都使他高兴，就是看一棵小草，他也会喜笑颜开。有一次，他突然想弯下腰来看一看他的快乐还在不在。可是他刚一弯腰，快乐就不见了。"怎么会这样呢？"他自问道，"快乐刚才还在，怎么一下子似乎掉进地缝里去了？"

于是他走遍山川、河谷、森林和田野，去寻找自己的快乐。人们各种各样的快乐，他看到不少，但就是看不到自己的快乐。他弯腰曲背，找遍了每一个角落，失去的快乐还是没有找到。这时，他直起了身子对自己说："不找了！丢了就丢了，有什么办法呢？难道就弯着腰走一辈子吗？"

很奇怪，当他刚一直起身子，快乐又回到了他的身上。快乐是怎么丢的？又怎么回来了？听众朋友，你们能告诉我答案吗？

以这样耐人寻味的故事深化主题，比起空泛的议论来，更能产生发人深省的现场效应。

任务实施

一、对下面几种开场白进行评价

1. "大家让我来讲几句，但我实在没什么好说的，那就随便说两句吧。"

2. "对于这个问题，在座的各位都是行家，我就班门弄斧，硬着头皮上了。"

3. "最近这几天实在太忙，没时间准备，恐怕讲不好，请大家原谅。"

4. "感谢大家百忙之中来参加我的演讲，我将不会耽误大家太多的时间，我将尽量简短……"

二、演讲中为使听众能够把握演讲层次和脉络，常常有意识地通过鲜明的语言标志来标明层次

认真阅读以下演讲稿，在横线上填入恰当内容，使演讲稿段落间形成排比关系，从而层次更清晰。

不知不觉，我已翻过十六座大山；

无声无痕，我已跃过十六条小河；

懵懵懂懂，我已然走进了青春。

这是一个怎样的世界，没有人回答，所以我只有探索着，思考着，努力走出这片迷茫的黑暗。

我发现，这是一个混沌的世界。一切都那么陌生，那么新奇，时不时又有着让我心惊的冒险，我刺激，我兴奋，我渴望，那与众不同的所有，等着我来开启。跟着潮流一起舞动，随着世界一起疯狂。

_____。一切唯我独尊。没有约束，没有管教，快乐的心在清澈的蓝天上飞翔。随心所欲，沉浮在幻想的长河中，难以自拔。让时间停止吧，我愿就此长眠；让梦幻侵蚀吧，我愿就此沉沦。

_____。一切的人或事，忽而远在天涯，忽而又近在咫尺，让我看不清，摸不透。刚开始消失的沉重感如汹涌的波涛一般涌来，又如空气一般抽离。为什么？我问所有人，所有人都笑而不答，眼神中充满了期盼与鼓励。我明白，转身回到那个疯狂的世界，让疯狂继续着我的疯狂。

_____。时不时袭来的疼痛感让我压抑，好像在提醒我失去了什么，我不明白。那原来的一切在我眼前变得模糊极了，好像风一吹，就烟消云散。我试图抓紧什么，却扑了个空。随之逐渐清晰的是那些被我丢弃的东西。下星期的测验，明天的背诵，不久的会考……虽然烦躁，却有一种莫名的熟悉感，心静得没有一丝波纹。

我发现，这是一个说不清的世界，既有着酸甜苦辣，又有着梦幻城堡，虚虚实实，只有靠心去品味，才有原来的那方辽阔。什么样的感觉是什么样的视角。

终有一天，回过头来才发现，原来我已走进了青春。

迷惘过后，一切重建，宛如新生。

我们如此幸运。

三、阅读下面的演讲稿，并回答问题

尊敬的各位老师、同学们：

你们好！

金秋送爽，转眼间我们进入了深秋。万山红遍、层林尽染，鹰击长空、鱼翔浅底，好一派迷人的深秋景色啊！我的心情和大家一样愉快！祝大家天天开心！

今天我作为学生代表，十分荣幸地站在这里参加本届学生会主席团成员的竞选。我竞选的是学生会副主席一职，虽然我很清楚，我的竞争对手都是各班精挑细选的精英，实力不可小觑，但我充分相信自己的能力。所以，今天，我能够站在这里挑战主席团！

或许有些人会暗自发笑：这人怎么这么自负！可是我想说，自负，就是高度的自信！一个人如果连自己都不相信，那么他就没有资格做任何事，即使做了，也很难成功！我之所以能够站在这里，大部分是由于我的自信！当然，能力也很重要，因为一个人的信心和能力永远是成正比的。

本人兴趣广泛，特别是在美术方面有一定的特长，喜欢画画、广告、宣传工作。我曾获学院"反腐倡廉"广告语比赛三等奖，曾获系"海报风采展"一等奖，并多次在《声屏报》上发表自己的漫画作品。除此之外，我还在蜗牛饰品店做过兼职，负责销售和设计饰品，积累了一定的实践经验，懂得了如何销售饰品以及如何更好地与顾客沟通。我认真学习会计基础知识，并考取了中级电算会计证。

加入主席团，是一种荣誉，更是一种责任。我知道这条路上有许多挑战，但我自信我有能力担起这副担子，因为我的热情，我的毅力，我实事求是的工作态度。如果我有幸当选，我将以良好的精神状态，大胆地管理学生会事务，使校园生活更加多姿多彩！

假如我未能当选，说明时间给我考验。我也不会灰心、气馁，我将在今后努力提高自己的能力，同时希望学生会的工作在本届学生会成员的管理、协作下越做越好！

但愿我今晚好运，谢谢各位。

1. 这篇演讲稿的目标是＿＿＿＿＿＿＿＿＿＿＿＿＿＿＿＿＿＿。

2. 开头部分的＿＿＿＿＿＿＿＿＿＿＿＿＿＿不得体，属于废话。

3. 所介绍的个人专长、兴趣爱好等与＿＿＿＿＿＿＿＿＿关系不大，应着重介绍自己担任学生干部、从事社会实践等与竞选相关程度更高的方面。

4. 应向听众阐述自己的＿＿＿＿＿＿＿＿＿＿＿＿＿＿＿＿＿，以获得他们的信任和支持。

5. 结尾不够刚劲有力，对听众的＿＿＿＿＿＿＿＿＿＿＿＿＿＿＿不够。

6. 某些语句不够恰当，例如，＿＿＿＿＿＿＿＿＿＿＿＿＿＿＿＿＿＿。

7. 根据以上提示，对这篇稿子进行修改。

任务反馈

1. 检查学生填写完成情况，有针对性地和部分学生进行交流。

2. 选取典型进行集中点评，对每位学生的作业进行书面点评。

知识拓展

一、演讲稿的作用

1. 保证内容正确、全面、富有逻辑；

2. 加强语言的规范性和表现力；

3. 有助于克服怯场，增强信心；

4. 帮助演讲者适当地掌握时间。

二、怎样使演讲的内容清晰、主题突出

演讲内容的表达方式大体可以分为叙述性、说明性、论述性三种。为了使演讲的内容表达清晰、主题突出，必须注意：

1. 集中一点说具体

很多时候，演讲是有时间限制的，你要在规定的时间内，确定你讲话的内容。所以学会舍弃，把最想说的话充分地表达出来就可以了，否则会费力不讨好。

2. 按照事物自身的条理性进行说明

事物都有它内在的逻辑事理，都有它本身的特征。抓住事物的逻辑和本身的特征表达，容易说清楚。如介绍一栋建筑的地理位置时，按照东、南、西、北的空间方位介绍比较合适；介绍一个历史景点时，按照时间发展的顺序介绍比较好。

3. 巧用比喻，采用有效方法

巧妙地使用比喻，能够给你所要描述的事物增添一种形象感，增强讲话的形象性、生动性和感染力。尽量使用通俗易懂的话语，避免向非专业人士使用术语，必要的细节可以由浅入深地解说。

为了清楚地表达内容，可以采用下列有效的方法：

（1）用"五何公式"进行叙述

在叙述性演讲中，必须把一件事情发生的时间、地点、人物、原因、结果这五大基本的要素交代清楚。为了方便记忆，这五个要素又称为"五何公式"，即何时、何地、何人、何故、何果。结合主题表达的需要，围绕"五何"的内容进行叙述，一般能保持内容的完整和清晰。

（2）用"黄金三点论"进行说明

当众向别人说明自己的观点、介绍某件事情或某种产品时，关键在于条理清晰、简洁明了。一般情况下，把说明的内容最好概括在三点之内表达，简明清晰，听众易于接受，效果比较好。人们常常把这种方法叫作"黄金三点论"。

"黄金三点论"的方法是：选取某一角度，按照内在的逻辑关系，围绕要表达的主题，分成三个层次来说——"下面我从三个方面说一说：第一，……；第二，……；第三，……。"或"向大家做如下解释：首先，……；其次，……；最后，……。"

（3）用"点石成金"与"钩子、西瓜与刀叉"方法进行论证

在论证性的演讲中，你需要通过讲述一些道理改变或强化听众的想法和行动。你必须言之有理，让人信服。

有人把通过事实论证提出观点、得出有力结论的方法叫"点石成金"法。"点石成金"的方法中，"点"是所要表达的观点，"石"是用来做论据的事实，"金"是由论据得出的结论。开场直接提出观点，吸引大家注意力，接着引出能够证明观点的论据，最后得出结论。

在做论证性演讲时，也可以先不提出观点，而使用具体的实例论证后得出论点，有人把这种方法称为"钩子、西瓜与刀叉"法。"钩子"代表开始的有吸引力的几句话，先钩住听众；"西瓜"代表的是实例，使用具体实例来论证观点。使用实例时，最好讲述自己亲身经历的故事或刚刚发生的、大家关注的热点事件。"刀"和"叉"是结尾，代表从实例中得出的结论或向大家提出的建议。

4. 用"平视交流法"贴近听众，吸引听众

在演讲中，你表达的观点、所用的材料、使用的语汇和表达方式，必须注意采用平视的交流方法，即：

◆ 和对方的理解力水平保持一致。

◆ 和自己的身份保持一致。

◆ 和所处的场合保持一致。

三、注意演讲开场和结尾的技巧

1. 演讲稿开场技巧

瑞士作家温克勒曾说，演讲稿开场白有两项任务：一是建立演讲者与听众之间的感情，赢得听众的认同感；二是打开场面，引入正题。好的开场白，能够在瞬间抓住听众的注意力，掌控全场，从而为接下来的演讲内容顺利地搭梯架桥。如何在几分钟内有效地做到吸引听众、引出话题、建立信任、介绍要点呢？方式有很多，如来个幽默、设个悬念、说几句笑话，或选取大家熟悉的事物和当下的

事件做话题，自然过渡到主题上等。如果听众中有不熟悉你的人，你还需要做一个简单而又使人印象深刻的自我介绍。

2. 结尾要提示结束，强调主题或建议

结束语是我们传达信息的最后机会，一定要避免简单或敷衍了事。好的演讲人会利用它画龙点睛，强化整个演讲的效果，使听众始终保持对该演讲的兴趣。具体的方式有：

（1）总结式：把所要表达的意思浓缩成一两句话，用排比等修辞方式表达出来。如《自豪吧，我们的名字叫军人》：

自豪吧，同志们！因为我们的职业是军人，军人的代名词就是牺牲，而这种牺牲换来的是我们民族的繁荣昌盛！

（2）启发式：把自己要讲的意思归纳成几句富有哲理的话。

（3）号召式：号召或倡议大家做某件事。如《无愧于伟大的时代》：

同学们，让我们高举起五四的火炬，弘扬民主与科学的精神，把爱国之情、报国之志化为效国之行，用我们的热血和汗水、青春和智慧，甚至是生命，向我们的祖国和人民表明：我们将无愧于伟大的时代，无愧为跨世纪的中国人！谢谢！

（4）呼应式：把要讲的主题再巧妙地点明，照应开头。如《当代青年的特征》：

开头：

有人说当代青年是时代的问号，是个让人猜不透的谜。

结尾：

如果说我们是时代的问号，那么我们将用行动把它拉直，变成时代的惊叹号！

（5）故事式。

结尾要干净利落，不要再出现新的信息。

四、精心设置演讲高潮

"文似看山不喜平。"演讲稿要求节奏鲜明、张弛相间、跌宕起伏。要有波澜起伏的段落和引人入胜的高潮，力避平铺直叙、泛泛而谈。演讲的高潮，既是演讲者感情最激昂、气势最强劲的时刻，又是听众情绪最激动、精神最振奋的地方。李燕杰在《演讲美学》中说："一次演讲，怎样达到高潮？这需要演讲者在感情上一步一步地抓住听众，在理论上一步一步地说服听众，在内容上一步一步地吸引听众，使听众的内心激情逐渐地燃烧起来，演讲将自然推向高潮。"

五、认真修改，精益求精

从事任何文体的写作都要重视修改，认真修改，精心修改，写作演讲稿自然不能例外。

行动评估

活动一："爱心大行动"竞选活动总指挥

行动："爱心大行动"需要一个总指挥，组织一次竞选活动，每位学生当众发表自己的竞选演说。

提示：

首先，要明确自己演讲的内容类别是论述性演讲，其目的是说服别的学员去为你投票。

其次，你要论述自己为什么可以当总指挥，可以采取"黄金三点论"的方式去组织内容。

最后，要考虑开头是否采用与众不同的形式，结尾要注意明确你的主题或建议，即要求其他学员为你投票。

活动二：练练精彩的自我介绍

在职场中，演讲的开场白往往涉及自我介绍部分，一个有创意的自我介绍会给你的演讲加分，而很多人往往对这方面没有足够的认识，把自己的名字说得缺乏创意。请根据自己的名字巧妙设计自我介绍。

提示：

介绍自己的名字时，要根据不同的场合以及你演讲的目的做巧妙构思，要有新意，要争取能给人留下深刻的印象。

活动三：看图说话，提高清晰叙述能力

教师提前准备一幅较复杂的几何图形（如右图），每组选一位学生看图描述，其他学员根据描述画出该图形。教师指导学生找出叙述的最佳内在逻辑关系。

提示：

1. 看图讲述：表达的内容要有条理，逻辑层次清晰。

2. 尽量少用书面语。

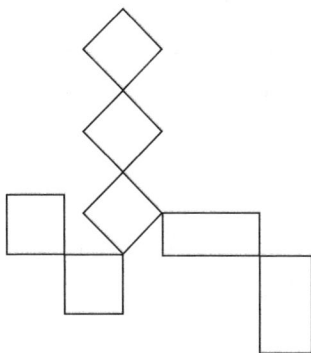

复杂的几何图形

参照以下步骤训练：

第一步　告诉大家整个图形由几种单一的几何图形构成，它们分别是什么，它们的数量是多少，不同图形间面积的差别大不大，给大家以整体的概念。如：整个图是由三种几何图形构成的，分别是两个正方形、三个菱形、两个长方形，面积大小相当。

第二步　要说出它们的具体位置、摆放的逻辑结构，由中间到两边或由左向右，或由右向左。如：图的中间是三个上下相接的菱形；菱形的右边是两个长方形，其中第一个长方形的左上角与最下边菱形的右角相接，并且这个长方形是横着摆放的，第二个长方形的左上角与第一个长方形的右下角相接，这个长方形是竖着摆放的；菱形的左边是两个正方形，其中一个正方形的右上角与最下面菱形的最下角相接，另一个正方形的右下角与第一个正方形的左上角相接。

第三步　在说的过程中，要随时和其他人互动，询问一下自己是否表达得清楚，以便及时调整。

学习评价

以小组为单位，展示各组在本节学习过程中收集的材料及取得的成果。根据下表提示，对本节所有的学习活动进行评价。

评价内容	分值	评分		
		自我评价	小组评价	教师评价
本节的学习目标是否明确	5			
本节课的学习任务是否完成	10			
对"案例引导"内容的分析是否认真、透彻	20			
各项内容的填写是否认真	30			
"知识拓展"部分的内容是否掌握	20			
完成任务的时间安排是否合理	5			
学习和练习过程中的表达能力	10			
合计				
综合平均得分				

第三节　把握演讲方式，语言规范得当

学习目标

一、能力目标

1. 了解演讲中非语言要素的作用。

2. 能够在演讲中得体地运用态势语。

二、德育目标

1. 培养对演讲及语言表达的兴趣。

2. 更好地展示自我，实现自我价值。

案例引导

（一）

　　有一位同学在竞聘演讲时抽到的是最后一个签，上台时发现很多人已经有了明显的倦意，场上气氛一片涣散，这对自己接下来的演讲很不利。于是她说："大家好。我是××，站在这里，我看到的是老师和同学们信任的目光，感谢大家对我的信任。我尤其想感谢我们的辅导员崔老师。"说到这里，她停了下来，眼光看向一处，大家的目光都随着她往后看，想一睹崔老师风采，而实际上崔老师三分钟前因为有事出去了。听众以为竞选者由于高度近视而没有看准，于是都回过头来质疑地盯着竞选者。经过这一小插曲，听众的倦意已经不翼而飞。

　　而竞选者从容不迫，娓娓道来："他曾经问我，如果用一个字来概括学生干部应具备的品格，应该是什么？那就是'诚'，'真诚'的'诚'，这就是我的回答。入校以来，在老师、同学们的帮助下我真诚待人，乐于交友。以一颗真诚的心，做了许多实实在在的事。同时我还有广泛的兴趣爱好，如读书、写作、演讲、辩论、摄影等，并取得过优异的成绩。因此，我相信我和大家有许多共同语言，利于今后开展工作。"……

　　1. 这位同学采用＿＿＿＿＿＿＿＿＿＿＿＿＿方式，帮助听众调整了状态，扭转了场面。

这个案例告诉我们，态势语有_____作用。

2. 如果你在演讲中遇到这种情况，将如何处理？

（二）记梁任公先生的一次演讲（节选）

梁实秋

他的讲演是预先写好的，整整齐齐地写在宽大的宣纸制的稿纸上面，他的书法很是秀丽，用浓墨写在宣纸上，十分美观。但是读他这篇文章和听他这篇讲演，那趣味相差很多，犹之乎读剧本与看戏之迥乎不同。

我记得清清楚楚，在一个风和日丽的下午，高等科楼上大教堂里坐满了听众，随后走进了一位短小精悍秃头顶宽下巴的人物，穿着肥大的长袍，步履稳健，风神潇洒，左右顾盼，光芒四射，这就是梁任公先生。

他走上讲台，打开他的讲稿，眼光向下面一扫，然后是他的极简短的开场白，一共只有两句，头一句是："启超没有什么学问——，"眼睛向上一翻，轻轻点一下头："可是也有一点喽！"……他的声音沉着而有力，有时又是洪亮而激亢……

…………

先生的讲演，到紧张处，便成为表演。他真是手之舞之足之蹈之，有时掩面，有时顿足，有时狂笑，有时太息。听他讲到他最喜爱的《桃花扇》，讲到"高皇帝，在九天，不管……"那一段，他悲从中来，竟痛哭流涕而不能自已。他掏出手巾拭泪，听讲的人不知有几多也泪下沾襟了！又听他讲杜氏讲到"剑外忽传收蓟北，初闻涕泪满衣裳……"，先生又真是于涕泗交流之中张口大笑了。

这一篇讲演分三次讲完，每次讲过，先生大汗淋漓，状极愉快。听过这讲演的人，除了当时所受的感动之外，不少人从此对于中国文学发生了强烈的爱好。先生尝自谓"笔锋常带情感"，其实先生在言谈讲演之中所带的情感不知要更强烈多少倍！

1. 为什么"读他这篇文章和听他这篇讲演，那趣味相差很多"？

2. 从文章中看出，梁启超先生的演讲在哪些方面给人留下了深刻的印象？

3. 这篇文章告诉我们，演讲除了提前做好准备、写好演讲稿之外，现场更要注意_____。

能力训练

任务描述

做表情、手势和上下场练习。

任务目标

掌握演讲礼仪，恰当运用态势语，自我表达，掌控全场。

任务规则

1. 按要求认真完成各项内容。

2. 禁止同学之间互相讨论。

3. 教师进行考核，记录结果并纳入学生学习评价中。

任务资料

1. 演讲人的声调语气、眼神和态度所包含的雄辩能力，比字句的选择还有力量。

——［法］孟德斯鸠

2. 德摩斯梯尼是古雅典伟大的演说家，有人问他："一个演说家最重要的才能是什么？"他回答说："表情。"又问："其次呢？"他还是回答说："表情。""再次呢？"他仍然回答说："表情。"

任务实施

一、表情练习

有感情地朗读下列诗句，给出恰当的表情。

　　我，常常望着天真的儿童，

　　素不相识，我也抚抚红润的小脸。

　　他们陌生地瞅着我，歪着头。

　　像一群小鸟打量着一个恐龙蛋。

　　他们走了，走远了……

二、手势练习

给下面的句子设计相应的手势，然后表演出来。

1. 看！太阳升起来了，它光芒四射，普照人间。

2. 什么是爱？爱不是索取，而是奉献！

3. 小赵，真是好样的！

4. 中国人民是无所畏惧的，就是天塌下来，我们也顶得起。

5. 同志们，千万注意，这次实验是非常关键的一次。

6. 这种损人利己的行为，我们是坚决反对的。

7. 这里我想起一位同学曾说过的一段话："你想冒尖吗？你想闯吗？往左看，亮起'左'倾思想的红灯；往右看，亮起了偏见与嫉妒的红灯；往后看，亮起了愚昧无知的红灯；往脚下看，亮起了私心杂念的红灯。"

三、上下场及站姿练习

全班同学按指定顺序进行上下场练习。要求每个同学从指定位置上场，并在讲台站好，面向大家，用目光与同学们进行环视、点视交流至少五秒钟，做简单自我介绍，然后退场，回到自己座位。

任务反馈

1.随机指定学生上台表演，其他同学讨论点评。

2.教师进行总结评价。

知识拓展

如何使演讲语言规范、表达丰富

一、仪容大方得体

演讲者的穿戴打扮是演讲礼仪中非常重要的一部分。演讲者在演讲时穿什么服装或者怎样打扮自己才最合适呢？

首先，服装要与体态及肤色协调。

其次，服装要与演讲内容协调。演讲者在不同的演讲会上，要根据演讲内容的不同而决定服装的款式，服装的颜色要与演讲者的思想感情和演讲内容的特点协调一致。如果演讲的内容是严肃、郑重的，或愤怒、哀痛的，穿深色衣服或黑色衣服比较合适；如果演讲的内容是欢快喜悦的，穿浅色的、鲜艳的衣服会更好些。

再次，服装要与听众协调。演讲者的服饰款式与色彩一定要注意与演讲的现场气氛相和谐，与季节相符合，与广大听众的装束相协调。不可过于华丽时髦，否则会分散听众注意力，引起非议，破坏演讲气氛。

最后，服装要与演讲者身份协调。服装对人体有扬美与遮丑的功能，它可以反映人的精神风貌、文化素质和审美观念。演讲者的衣着应该典雅美观、整洁合身、庄重大方、色彩和谐、轻便协调。具体而言，要求做到外表整齐、干净、美观，风格高雅、稳健，行动方便，与自己性别、年龄、职业等协调，充分体现出自己的特点与神韵。比如：在校学生不宜在演讲时身着高档的、名牌的服装；青少年演讲不要打扮得珠光宝气、艳丽夺目；上了年纪的人演讲服装应该庄重典雅，而不能给人花枝招展、花里胡哨的感觉；男性演讲时服装不能过于随便和随意，女性演讲时不宜穿戴过于奇异或袒胸露背的服饰，否则会引起议论，影响演讲效果。

二、把握声音技巧

1. 音量

音量的大小根据会场的大小和人员的多少而定，既不要过高，也不要过低。

演讲一开始，你就应该迅速观察离你最远的那些听众，如果他们露出困惑的表情，身体前倾，或者以别的方式显出听得很费劲，那你就应该把声音放大些。还要注意的是，不要让你的音量在句末降下来。

2. 音调

音调的抑扬顿挫使得你的声音富有热情和活力。你的声音音调的变化，透露出你是在提问还是在做陈述，证明你是发自肺腑还是言不由衷。

3. 频率

频率指一个人说话的速度。最佳演讲频率取决于多个因素：演讲人的声音特点，演讲人希望营造的气氛，听众的构成以及演讲环境。一般来说，公共演讲的速度要比你平时交谈的速度稍慢一些，而且听众越多，语速应越慢。演讲者还要能根据演讲的内容适当调整语速的快慢，表达出应有的情感。

4. 停顿

停顿是一个很有用的工具。它可以表示一个单元的结束，让听众有个喘息的时间，并使前面说的话的冲击力发挥最大效果。要特别注意的是停顿应该在一个表达单元结束后进行，而不是在讲述中间突然停顿，否则听众就会感觉很茫然。更重要的是，不要用"嗯""啊"之类的语气词来替代停顿。这些"有声停顿"会产生灾难性的后果，会使听众觉得演讲人过于哗众取宠。

三、使用正确的态势语

态势语是一种非口头语言。它是演讲者通过自己的面部表情、身体姿态和手势动作等来表情达意、传递信息的一种无声语言。

陶行知先生说："演讲能使聋子看得懂，则演讲之技精矣。"

在演讲过程中，演讲者恰当地运用态势语不仅可以有效地提高演讲的情景性、生动性和形象性，使听众获得声音感受的同时，获得形象上的感受，还可以使演讲者从听众那里获得信息反馈，及时调整言语表达的策略，掌控和调节听众的情感状态，从而更好地完成演讲任务。

初学演讲时要注意：

1. 表情

表情对于演讲的表达和听众的理解都十分重要。

演讲者要借助表情，把自己的内心情感最灵敏、最鲜明、最恰当地显示出来，同时也通过表情对听众施加心理影响，构筑其与听众交流思想情感的桥梁，从而引起共鸣。

对演讲者面部表情的基本要求：

自然——自然才显得真挚。演讲者的面部表情要保持自我的本来面目，不能面无表情、死板呆滞，但也不可矫揉造作、故作姿态。

丰富——表情应随着演讲内容和演讲者情绪发展而变化。一般情况下，当表达严肃、愤怒、疑问、忧愁等感情时，面部往往表现出肌肉紧绷、眉头紧皱等状态；当表达平和、可亲、理解、友善等情感时，面部则往往呈现出舒展放松的状态。

2. 站姿

站姿要稳。男士双脚落地，间距与双肩大体同宽，注意体态的挺拔；女士两脚站成丁字形，更能体现女性的柔美。两臂自然下垂，手自然放松。要避免影响形象的动作，如双手背后、双臂胸前交叉、双手叉腰、双手插兜等。有讲台时，双手可以自然地放在讲台的边沿。

3. 目光

演讲时要注意与观众保持眼神交流。

正视：要求演讲者的视线平直向前移动，统摄全场，视线的落点应放在全场中间部位听众的脸上。在此基础上适当变换视线，照顾到全场听众。这样，可以使每一个听众都感到"他是在向我演讲"，从而引起注意，同时也有利于演讲者保持良好的姿态，随时注意会场的气氛和听众的情绪。

环视：要求演讲者的视线不断地环视全场，与全体听众保持眼光接触，增强双方的情感联系。

点视：偶尔进行，要求演讲者的视线有重点地观察个别听众或会场的某个角落，并与之进行目光接触。这种方法，对于专心听讲者可以起到启发、引导的作用，对于未专心听讲者可以起到批评、制止的作用。

盯视：不眨眼地盯着看，有提醒的意味。

虚视：就是似视非视。演讲就需要这种虚与实的目光交替，"实"看某一部分人，"非"看大家，做到"目中无人，心中有人"。这种方法可以用来克服演讲者的怯场心理，显示出彬彬有礼、稳重大方的神态，还可以把思想集中到演讲内容上来。

闭目：演讲时要求演讲者以短暂的闭目来表示某种特殊的感情。

闭目法有它特定的意义和作用。例如，可以用短暂的闭目表示对为国捐躯者的哀悼，或表示对卓有贡献者的敬佩。

4.手势

根据演说的内容、听众的情绪、场上的气氛，演讲者在情感的支配下可以配合适当手势。

手势一般可分四类：表达演讲者的情感，使其形象化、具体化的手势为情意手势，也叫感情手势；表示抽象的意念的手势叫象征手势；模形状物，给听众一种具体、形象的感觉的手势叫形象手势，也称图示式手势；指示具体对象的手势称为指示手势。

整个手势范围，可分为以下三个区域：

（1）肩部以上，称为上区，多表示理想的、想象的、宏大的、张扬的内容和情感，如殷切的希望、胜利的喜悦、幸福的祝愿、未来的展望、美好的前景。

（2）中区：肩部至腹部，表示记叙事物、说明事理，一般来说演讲者这时的心情比较平静。

（3）下区：腰部以下，表示憎恶、不悦、不屑、不齿的内容及情感。

演讲手势贵在自然，切忌做作；贵在协调，切忌脱节；贵在精简，切忌泛滥；贵在变化，切忌死板；贵在通盘考虑，切忌前紧后松或前松后紧。手势是为了帮助表情达意的，如果达不到这个目的，那就纯属画蛇添足了。

四、注重上下场礼仪

当主持人介绍你上场时，要向主持人颔首微笑致意，然后挺胸，抬头，双目平视前方，大步上台。上台后转弯时，速度要稍放慢。走上台后，选择最适当的位置再停下来，自然地转过身来，向听众行注目礼、举手礼或者鞠躬，然后面带微笑环视全场，和善、亲切、平易地开始你的开场白。一定要等站稳之后再开口，切忌边走边说。

演讲开始时，要先与听众打招呼，如"朋友们，大家好""各位老师、同学，大家晚上好"等。

演讲过程中，与听众互动或得到工作人员的帮助时，要表示感谢。

演讲完了，你可以稍稍停顿之后，满怀深情地说一声"谢谢""谢谢大家"，然后较慎重地后退一步，恭敬地给大家鞠一个躬。鞠躬的时间要稍长一些，让每个听众都看到。恰当地向听众道别，给你的演讲画上一个圆满的句号。

下场的时候要注意：上场时怎么走，下场时也一样。坐下后，如大会主席和听众以掌声向演讲者表示感谢时，应立即起立，面向听众点头敬礼，以示回谢。

行动评估

活动一：自己挑自己的毛病

录下一段自己演讲的实况，观察有哪些不合适的表达方式，以便在下次演讲中加以改进。

小组讨论：在演讲过程中，哪些姿势在传递着负面信息？

活动二：练练与听众目光交流

谈一个评价自己的话题，做保持5～10秒钟眼神接触的小练习。

训练方法：找三五个朋友面对面谈话，要求他们举起三根手指，每当与他们当中的一个人保持5～10秒的眼神接触时，就缩回一根手指，然后换下一个人，直到他们放下所有的手指。

提示：

1. 目光交流时，应注意对方面部三角区的表情。

2. 要用心体会在谈话中5～10秒的时间长度。

活动三：解读态势语，模仿他人表达

收看一档电视新闻节目，把声音关掉，看看主持人通过面部表情、眼神、肢体动作能够传递一些什么信息。或者回忆一场激动人心的球赛，体会一下解说员如何在表达方式上通过语音体现内心的激动及丰富的情感的。

活动四：当众讲故事

当众讲一个生动的故事或笑话，通过非语言的方式打动听众。

学习评价

以小组为单位，展示各组在本节学习过程中收集的材料及取得的成果。根据下表提示，对本节所有的学习活动进行评价。

评价内容	分值	评分		
		自我评价	小组评价	教师评价
本节的学习目标是否明确	5			
本节课的学习任务是否完成	10			
对"案例引导"内容的分析是否认真、透彻	15			
文字填写部分是否认真完成	20			
上下场站姿练习的完成情况	20			
本节理论部分的内容是否掌握	15			
完成任务的时间安排是否合理	5			
学习和练习过程中的表达能力	10			
合计				
综合平均得分				

第三单元　阅读

第一节　明确阅读目标，快速查找资料

学习目标

一、能力目标

1.学会确定阅读对象，有效查找信息。

2.学会通过适当途径，快速查找资料。

二、德育目标

1.全面发展，提高职业素养。

2.培养终身学习习惯，提升个人职业形象。

案例引导

没有目标的努力，犹如在黑暗中远征

美国耶鲁大学进行过一次跨度20年的跟踪调查。

原来，这个大学的研究人员对参加调查的学生们提了一个问题："你们有目标吗？"

10%的学生回答说有。

研究人员又问："如果你们有了目标，那么，是否把它写下来呢？"

这时，只有4%的学生回答说写下来了。

20年后，耶鲁大学的研究人员跟踪当年参加过调查的学生们。

结果发现，那些有目标并且用白纸黑字写下来的学生，无论是事业发展还是生活水平都远远超过了另外的没有这样做的同龄学生。他们的财富超过余下的96％的学生财富的总和。

那么，那96％的学生今天在干什么呢？

研究人员告诉我们："这些人忙忙碌碌，一辈子都在直接或间接地帮助那4％的人实现他们的奋斗目标。"

（选自《有关目标与成功的励志小故事》）

问题1：人与人之间的差距是由哪些原因造成的？清晰明确的人生目标起到了什么样的作用？

_____

_____

_____

问题2：在现实生活和学习中，你有明确的目标吗？你的目标是什么？

_____

_____

_____

当今阅读中的困扰

随着社会的快速发展、科技的不断进步，越来越多的人投入到碎片化阅读当中。每天刷N遍朋友圈，点开N个微信公众号，浏览N篇简书热门文章。我们的注意力被各式各样的信息所占据。很多人发现，尽管每天读的文字比以前多得多，但收获却越来越少。这是为什么呢？

你的阅读目标是什么？大多数人很少思考或者未深入思考过这个问题，以至于在阅读的过程中处于一种精神懈怠状况，因此常感觉读完没有收获。如果我们想通过阅读提升职场能力，那么就应该思考：哪些能力是自己想要提升的？这方面的书籍有哪些？某一本书的哪些章节涉及了这些内容？这样我们才会开展深度阅读，去寻求理解，从而在阅读中有所收获，弥补不足，提升能力。毕竟当你想要站在山顶上看到美丽风景时，需要先找准能看到美景的山峰。如果没有准确的目标，即使你拥有满腔的热情、坚韧的毅力、娴熟的技巧，你也很可能看不到期待中的美丽风景，你肯定会为自己付出努力却没有达到预期效果而郁闷。知道要爬哪一座山，比知道如何更高效地爬一座山更重要。你必须知道你想要什么、你的目标是什么，只有这样才能达成满意的效果。

问题1：你在日常阅读过程中遇到过上述问题吗？平常你习惯碎片式阅读还是其他方式的阅读？

_____

_____

_____

问题2：你从这篇文章中得到什么启示？阅读时你会怎么做？

_____

_____

_____

能力训练

任务描述

邓同学是一名在校生，想毕业后开一家饮品店，但是他对这一方面知之甚少，因而想多了解一些相关信息并进行分析，以明确开店的可行性。请查找资料，给出相关的信息。

任务目标

确定需要的信息，明确获取这些信息的途径并简要分析。

任务规则

1.要实事求是地查找相关资料。

2.课堂上可借助手机进行搜索。

3.记录相关信息时同学之间不要讨论。

4.教师进行考核，记录结果并纳入学生的学习评价中。

任务资料

2018年度中国餐饮品牌力百强榜单发布，仅喜茶、奈雪的茶、连咖啡、瑞幸咖啡、一点点、鹿角巷等饮品品牌成功上榜。

美团点评发布的报告称，2018年全国现制茶饮门店数达到41万家，一年内增长74%。另有数据表示，截至2017年底，饮品的门店数量甚至超越了火锅，成为整个餐饮总盘占比最大的市场赛道，但全国40多万家饮品店，只有6个品牌进入餐饮百强品牌，品类市场大赛道与品牌力整体势能形成了巨大反差。

从上榜的饮品品牌中可以发现，茶饮比咖啡更红火，6个品牌中，有4个品牌为茶饮品牌，这4个品牌在微信指数、在线评论数、门店数、进驻城市等级、餐厅星级等级上各占优势。

在上榜的4大茶饮品牌中，除了鹿角巷，其余品牌均在近两年获得了资本的青睐，甚至有的品牌在短短几年时间里获得了资本的数轮融资。此外，这4大品牌在运营模式和商业模式上也各有特色。

对此，辰智科技创始人葛建辉表示，虽然在茶饮体系中产生了很多好的品牌，但最近一年多时间里，新开的茶饮店存活率并不高。这里面涉及过度炒作的问题，这种营销炒作并不代表品牌力。葛建辉认为，营销运营非常重要，但过度营销反而会毁掉整个品牌。

由此可见，纵使茶饮的市场空间仍在不断扩大，但只有找到了属于自己的差异化定位的品牌，才能在竞争激烈且拥挤的市场赛道上越走越远。

（摘自职业餐饮网）

任务实施

1. 在日常生活中，你见过的或消费过的饮品店有哪些？经营状况如何？

_____

_____

_____

_____

2. 通过多种途径搜集一下，目前济南市内各区知名的饮品店大概有多少家，都在什么位置，多大规模，并进行简单的分析。

_____

_____

_____

_____

任务反馈

1. 根据学生提交的内容进行交流。

2. 教师对学生的分析进行点评。

知识拓展

一、阅读之前，要首先明确阅读需求

阅读需求就是我们阅读的目的，也就是按照任务的要求，通过阅读要研究、解决的问题，亦可称之为课题。

高效阅读的第一步，就是要根据任务要求，分析课题，初步确定所需资料的阅读范围及下一步的搜索目标，包括所需资料的主题内容、信息类型、时间范围、检索语种等。

如今我们获取信息资料的渠道越来越丰富，如果课题比较复杂，需要进行多角度多渠道的资料搜集时，最好制定一个书面的检索清单，以防偏失。

通过分析获得检索词时，要注意：

1. 抓住实质，提取课题中包含的基本概念。

2. 找出与基本概念相关的概念，包括与主题概念相近、相似乃至相反的概念等。

3. 要明确各项索引词之间的逻辑关系，分清主次轻重。

如果对课题不熟悉，可以参考阅读一篇或者几篇关键性的文献，必要的时候可以咨询相关专业人士，在关键资料和他人的启发帮助下建立大致的搜寻框架。具体检索过程中，随着对问题认识的不断加深，再进一步调整修正资料收集的广度和深度。

二、选定检索手段

明确课题需求、锁定搜寻范围后，接下来就是选择适当的检索手段以获得所需资料。

常用的检索手段主要有两种：手工检索和计算机检索。这两种手段各有优劣，运用的时候要根据具体情况灵活选用或者综合使用。

手动检索属于传统检索方式，由来已久，是在图书馆、档案馆内检索资料的常用手段。可利用的工具是目录、文摘、索引等。

选择查找工具书要注意：

第一，根据需求有针对性地选取适当的工具书。

第二，尽量选择最新版本的工具书。

手动检索方式简便、灵活、直观，在获取一些珍贵馆藏资源方面更是无可取代，但同时也存在检索速度慢、时空受限、更新滞后、资源有限等缺陷。这种检

索手段正逐渐被其他现代化的检索手段所取代，已不再是一种主要的检索方式。

现在的互联网是查找资料最便捷快速的渠道。计算机检索是利用计算机对各种光盘数据库、联机数据库或互联网进行检索的方式。进行计算机检索除了要会使用网络引擎和进行网络搜索之外，还要懂得一些基本的数据库常识。例如：需要统计数据，可检索数值型数据库；需要摘要信息，可检索文摘型数据库；需要原文，可检索全文型数据库。当需要查找最新文献信息时，需选择数据更新周期短的数据库。另外，还要注意数据库的收费标准和收费方式。

总之，对于求新型的课题，要尽量选择数据更新周期短、速度快的数据库；求全型课题，就要多查几种数据库；求准型课题，应选择专业数据库。

计算机检索具有速度快、内容新、信息量大等特点，但同时也往往由于信息源过于繁多，良莠难辨，真伪共存，导致信息筛选的困扰。

行动评估

活动一：搜集义卖活动资料

在分组组织的"因爱而生"义卖活动中，首先需要搜集相关资料：

1. 确定捐助对象，了解捐助对象的相关情况，以便联络并落实捐助行动，同时在宣传中应用相关资料促进义卖。

2. 了解合适的义卖品或合适的合作企业情况。

以小组为单位，分工合作，通过网络、电话、市场调研、专业人士访谈等渠道搜集上述相关资料。

提示：

（1）确定福利院为捐助对象时，可以通过当地民政局网站或电话咨询了解。

（2）确定捐资助学时，可以从网上寻找本省、本市或外省贫困地区的义务教育资料。

（3）确定义卖品时，可以根据确定的义卖地点的主要消费群体的需求，也可根据义卖品选择义卖场地。

活动二：帮邓同学确定资料搜集目标与渠道

邓同学正在查找有关2018年蹦床业发展的资料。请你参照下表，看一看哪些资料是必要的，哪些是不必要的，所需资料最有可能的查询渠道是什么。

资料搜集目标与渠道确定表

问题	是否必要	图书馆	档案馆	互联网	政府主管部门
中国蹦床业发展的历史阶段					
2018年蹦床店的数目及年营业额					
2018年假日蹦床业营业额					
2018年年蹦床人次					
2018年蹦床业的成功案例及其营业额、特色					

活动三：课外资料搜集训练

请找出5篇与邓同学汇报主题有关的资料，并将资料来源等相关信息填写在下面的资料搜集信息卡中。

蹦床业发展资料搜集信息卡

资料名称	作者姓名	出版单位	出版日期	搜集地点	搜集日期

评估：你能快捷地搜集资料吗？

一、小组评估

在你的小组同学面前讲述你寻找资料的过程，展示你收集的资料，并请小组同学为你打分。

搜集资料能力评估表

项目	是	否
所找资料与主题相关		
所找资料提供了事实根据		
所找资料提供了数据根据		

续表

项目	是	否
所找资料来源可靠		
信息卡对资料来源做了准确描述		

二、培训师评估

培训师可以根据学员搜集资料项目的准确度、资料来源的广度、资料质量的深度以及搜集时间的速度给各组评分。

学习评价

以小组为单位，展示各组在本节学习过程中收集的材料及取得的成果。根据下表提示，对本节所有的学习活动进行评价。

评价内容	分值	评分		
		自我评价	小组评价	教师评价
本节的学习目标是否明确	5			
本节课的学习任务是否完成	10			
对"案例引导"内容的分析是否认真、透彻	15			
资料搜集的目标是否明确	10			
资料搜集的途径是否准确	10			
资料搜集的方式是否合理有效	10			
资料搜集信息卡是否与主题相关	10			
"知识拓展"部分的内容是否掌握	15			
完成任务的时间安排是否合理	5			
学习过程中的自我认知能力	10			
合计				
综合平均得分				

第二节　整理确认内容，会做简单笔记

学习目标

一、能力目标

1.学会及时记录有价值的资料信息。

2.学会系统地整理储存资料。

二、德育目标

1.培养职业能力，提升个人职业素养。

2.养成良好的职业道德观念，增强责任意识。

案例引导

布袋笔记

宋代诗人梅尧臣，外出时总少不了带上一个小布袋，每当读到佳句妙语，就把它们写在纸片上，然后投入小布袋中。构思和创作时，便从小布袋中取出所记的纸条，或予以引用，或启发思维，终成一位出色的诗人。

陶罐笔记

元末著名学者陶宗仪，避乱江华亭时，躬耕于田野，累了便坐在树下歇息、读书。每有所感，就取出随身带来的笔砚，在树叶上记下来，并将树叶笔记放入准备好的陶罐中，埋入树下。经过10余年的积累，竟有树叶笔记数罐。后经加工整理，终成颇有学术价值的《南村辍耕录》。

问题1：你有做读书笔记的习惯吗？你还知道哪些有趣的笔记故事？

_____

_____

问题2：在现实生活和学习中，你是如何撰写读书笔记的？你觉得有哪些好方法可以分享给大家？

_____

_____

_____

_____

能力训练

任务描述

邓同学在网上找到一篇《蹦床Club创业计划书》，准备借鉴它的思路，确定创业方向。请根据给定资料，提取相关信息。

任务目标

提取有效信息，归纳整理形成笔记。

任务规则

1. 不要简单地照抄原文。

2. 整理、记录相关信息时要独立完成。

3. 教师进行考核，记录结果并纳入学生的学习评价中。

任务资料

蹦床Club创业计划书

一、本店概况（略）

二、市场分析

1. 项目背景分析：蹦床Club起源于美国，2013年开始在中国市场兴起，2017年进入高速发展阶段。

2. 顾客群体分析：首先，不论是成人还是儿童都可以通过蹦床进行各种运动及游戏。通过蹦床进行运动或游戏，能够促进身体新陈代谢，锻炼骨骼和关节，又能充分放松身体和心情，是老少咸宜的现代娱乐项目。其次，就目前所处的消费环境看，在商业步行街购物娱乐的一般消费者将是我们的消费主力，特别是学生和白领将成为我们前期收入的最主要来源。再次，我们将着重开发以儿童游乐为中心的家庭消费，同时我们还将以单位、企业为依托，开展拓展训练，让市民的休闲娱乐更加健康。

3. 竞争对手分析：目前本市蹦床店有数家，其中大型蹦床店较少，与我们临近或构成直接竞争的只有1家规模较大的蹦床店。这家店，项目较少，价格略贵，因而客源稀疏。本店应针对这家店现有的弊端，以市场调研为依托，完善项目产品，以可玩性为核心，提供高质量服务，力争在激烈的市场竞争中占有一席之地。

三、经营目标

1. 由于地处商业街，客源相对丰富，但竞争对手也不少，特别是本店刚开业，想要打开市场，必须在服务项目和服务质量上下功夫。短期目标是在商业步行街站稳脚跟，一到三年收回成本。

2. 本店将在五到七年内于全省主要城市增设多家分店，逐步发展成为一家经济实力雄厚并有一定市场占有率的连锁集团。

四、经营项目计划

目前的蹦床项目大体可以分为蹦床成人区、儿童区、打球对阵区、灌篮区，同时还配有淘气堡区、更衣区、售货区、会员区等。

经过充分的调研，我们将先期开放以下项目：（1）自由蹦床区；（2）灌篮区；（3）海绵池跳水区；（4）专业蹦床区；（5）竞技躲避球多功能区；（6）拓展区；（7）攀岩区；（8）魔鬼滑梯区；（9）休闲吧。

五、人事计划（略）

六、销售计划

营销分为线上和线下营销两种。

线上：主要与美团、大众点评、微信公众号、抖音、快手等开展合作。

线下：节假日活动、组织比赛、办理会员卡等。

七、财务计划（略）

任务实施

根据以上资料在15分钟内写一份200字左右的创业信息简单笔记。教师挑选优秀的学生作品在全班进行交流，并予以点评。

_____

_____

_____

_____

_____

_____

_____

任务反馈

1.有针对性地和部分学生进行交流。

2.教师对学生的作业进行点评。

知识拓展

　　德国心理学家艾宾浩斯研究发现，人类在学习后就会开始遗忘，遗忘的程度是不均匀的，刚开始记忆下降比例很高，后面会越来越少。根据实验结果发现，刚记住的时候是100%，过了20分钟记忆程度只有58.2%，2天和6天后分别只能记得27.8%和25.4%。学会做笔记，能够帮助我们更高效地获取信息。古人有条著名的读书治学经验，叫作读书要做到"眼到、口到、心到、手到"。其中的"手到"就是记读书笔记。

　　做笔记一般要做好以下几个方面：

　　第一，要选准目标，有重点地记录，防止盲目摘抄。

　　第二，要条理清楚、规范统一，即阅读笔记的内容要有条有理、层次分明，做笔记时的数码、符号、字母等要规范，格式要基本统一。

　　第三，要简明扼要、详略得当、准确实用。

　　第四，善于运用，防止光记不用。

　　读书笔记有各种形式，可以根据资料的类型、性质、用途以及个人习惯等选择合适的方式。常用的形式有：

　　摘录式笔记。这是阅读活动中收集资料时最常用的记录形式。它要求准确无误地摘录原文的语句段落，还要注明出处，便于引用和核实。摘录式笔记可分为：原文摘录，即单纯地抄录原文，可按原书或原文系统摘录；索引摘录，即只记录文章的题目、出处；观点摘录，即摘录重要论点和段落等。

　　评注式读书笔记。这不单是摘录，还可表达笔记作者的感情。评注式读书笔记既可以在书中重要的地方或自己体会最深的地方做各种记号，在空白处简单批注，也可以对全文做品评鉴定等。

　　心得式读书笔记。这是在读书之后写出自己的认识、感想、体会和得到的启发与收获的一种笔记。

　　读书笔记有多种载体，一般可分为笔记本式、活页式、剪报式、卡片式等。其中最方便简洁的是做成读书卡。读书卡是在阅读后将喜欢的句子、词语或感悟记在一张卡片上，既可以以板报的形式制作出来，也可以用自己喜欢的风格编辑出来。读书卡的长处在于便于分类，如可按目排列、归纳，利于携带、查找和使用。

读书卡一般由以下几部分组成：

读书卡首先要注明摘录材料的编码，譬如要填写"类别"，要填写"编号"，要填写"标题"。填写标题一般有两种方式：一种是写原文标题，另一种由摘写者自己命题。

读书卡片的主体，一般用来填写正文，正文要做到工整、完整。填写摘录时，既要摘其精要，同时又要保证所抄内容准确，不漏记，不多抄，更不可改动文意。写感悟时，语言要精练，要将自己的心得用最简洁的语言表述出来。

读书卡片一定要注明出处，以备将来核查。

制作读书卡片要注意以下几点：（1）读书要用脑，随时摘记有价值的资料；（2）卡片要分类分目，目和类要有导卡；（3）卡片上要注明出处、作者、时间、页码；（4）每张卡片最好只记一个内容，标上醒目的标题；（5）不定期地翻阅、整理、调整、使用；（6）用完卡片及时放回原处。

行动评估

活动一：归纳整理义卖活动资料

请分别完成下列归纳整理的任务：

1. 受捐对象的基本情况，捐助的原因。

2. 义卖品的基本情况或准备合作组织、开展爱心活动的企业的情况。

活动二：帮邓同学完成资料的归纳整理任务

请协助邓同学从互联网上搜集关于蹦床公园的经营资料，然后做成资料摘要卡，以便更好地检索和应用。

活动三：小组交流资料搜集和整理的经验

1. 以小组为单位，交流各自在学习和生活中搜集和整理资料的经验，展示自己的成果。

2. 小组推荐善于积累资料的同学在全班介绍自己的方法，大家评论并借鉴。

3. 将自己根据学习和生活需要搜集到的有用资料做成资料卡片，分类存放。

评估：会做阅读笔记了吗?

一、小组评估

将自己的资料卡片和其他笔记在小组内展示，请小组同学按下表中的要求打分。

资料卡片及阅读笔记评分表

项目	是	否
资料来源写法正确		
理解文章要义		
摘录要点准确		
摘录详略得当，整理有序		

二、自我评估

1. 在搜集资料的过程中是否会做相关的笔记?

2. 做笔记的方法是否恰当?

3. 笔记分类存放是否有序? 使用起来是否便捷高效?

学习评价

以小组为单位，展示各组在本节学习过程中收集的材料及取得的成果。根据下表提示，对本节所有的学习活动进行评价。

评价内容	分值	评分		
		自我评价	小组评价	教师评价
本节的学习目标是否明确	5			
本节课的学习任务是否完成	10			
对"案例引导"内容的分析是否认真、透彻	15			
"能力训练"部分的任务目标是否完成	20			
资料卡片的制作是否符合标准	20			

评价内容	分值	评分		
		自我评价	小组评价	教师评价
"知识拓展"部分的内容是否掌握	15			
完成任务的时间安排是否合理	5			
学习过程中的自我认知能力	10			
合计				
综合平均得分				

第四单元　书面表达

除了口语交流外，书面交流也是十分重要的领域。书面交流包括"读"和"写"。如果说阅读是收集信息、接收信息的话，那么写作就是运用信息、表达信息。在日常生活和工作中，每个人都需要掌握选择基本文体、选取资料、规范清晰表达的写作基本功，以便更好地与人交流。

本单元将分节训练以上四种能力：第一节训练第一个能力点——学会选择文体，撰写基本文书；第二节训练第二个能力点——运用规范语言，撰写个人文书；第三节训练第三个能力点——注意行文格式，撰写办公文书；第四节训练第四个能力点——把握基本要求，撰写专业文书。

第一节　选择基本文体，撰写基本文书

学习目标

一、能力目标

1. 根据工作需要，选择基本文体。

2. 学会撰写通知等简单应用文。

二、德育目标

1. 提升政治思想素质，提高职业素养。

2. 提升文化知识素质及书面表达能力。

案例引导

在你的职业生涯中，总免不了要与人交流，并需要借助某种书面表达形式，比如通知、条据、启事等应用文体；因此，了解这类文体的特点并掌握其基本的写作方法，对增强与人交流及合作的能力、提高工作效率十分必要。

会议通知

各子公司、直属单位团组织：

兹定于××××年××月××日下午1时30分，在××纺织科技工业园（××路××号）四楼会议中心第一会议室召开各子公司、直属单位团组织负责人会议。会议重要，请安排好工作，准时出席。

主要议程：

1. 传达团市委青工会议精神。

2. 布置近阶段有关重点工作。

3. 听取各单位本年度团组织工作安排情况汇报。

共青团××纺织控股（集团）公司委员会
××××年××月××日

点评：

这则会议通知交代了会议时间、地点、参加人员、会议议程，内容具体，格式规范。

能力知识点

怎样发通知

通知是发布规章和行政措施，转发上级机关、同级机关和不相隶属机关的公文，批转下级机关的公文，要求下级机关办理和需要周知或执行的事项时所使用的公文。

1. 通知的种类

通知的使用范围广，使用频率高。常用通知按内容和功能的不同可分为会议通知、发布性通知、事务性通知、指示性通知和任免通知等。

（1）会议通知

用于各单位在召开会议前，对参加会议的有关事项进行说明，包括会议的时间、地点、事项和要求等。

（2）发布性通知

用于发布上级单位或组织发布的一般行政法规、条例、办法等文件。这类通知的执行要求比较严格，发布的文件作为附件随通知一并下发。

（3）事务性通知

用于安排一般具体事务，如调整机构、催交报表、变更作息时间、安排节假日值班等。

（4）指示性通知

用于指导下级机关开展工作，提出任务，阐明工作活动的原则与方法。该类通知具有较强的政策性和指导性，要求下级机关认真贯彻执行。

（5）任免通知

用于任免干部。

2.通知的写作格式

（1）标题

①完整标题：发文单位＋事由＋文种名。

②省略发文单位的标题：事由＋文种名。

③只出现"通知"字样。

（2）主送单位

主送单位即受文对象，它可以是一个，也可以是几个，还可以是所有下属单位。一般在标题下隔一行顶格书写，后面加冒号。

（3）正文

正文包括通知的缘由、具体事项和要求三部分。不同类型的通知，其正文的写法有所不同。

（4）落款

在正文的右下方署上发文单位和发文时间。发文时间一般要求完整书写年月日。

能力训练

任务描述

根据以下内容，替实华技工学校学生会写一则通知。

实华技工学校学生会准备通知各班文艺委员于明天（××××年××月××

日）下午五点到学校会议室开会，研究学校第十届"五月之花"文艺会演相关事宜，并要求各班文艺委员与会时带上本班节目的名称和演出人员名单。

任务目标

写明会议时间、地点、事项、要求。

任务规则

请同学为你评定等级。

评分等级：

优　秀：格式规范，表达清晰恰当。

良　好：格式规范，表达比较清晰恰当。

一　般：格式比较规范，表达比较清晰恰当。

不及格：格式不规范，表达不恰当。

任务资料

1. 确定写作的内容和目的

当接到一项写作任务时，你要尽可能全面地了解写作的对象、写作的目的及写作的内容。比如写一份通知，必须有明确的接收对象——通知谁，有写作的目的——通知他干什么，有具体的内容——写清楚具体要求等。只有明确这些基本的要素，才能准确表达。

2. 了解基本文体的功用和规范

常用的日常事务性应用文包括条据、通知、启事等。不同的文体有特定的交流对象，有规范的写作格式。选择恰当的应用文文体首先取决于你交流的目的，取决于完成任务的性质；其次，掌握基本的应用文写作格式，熟悉不同文体的表达功用和表达技巧，可更好地完成写作任务，达到交流的目的。

任务实施

学生根据实华技工学校学生会的实际情况，恰当地组织文字，在15分钟内写一份格式规范、表达清晰恰当的通知。

_____

任务反馈

1.根据学生撰写的通知情况,有针对性地和部分学生进行交流。

2.教师对每位学生撰写的通知进行点评。

知识拓展

应用文的文体特征

著名教育家叶圣陶先生曾说过:"我们不一定要能写小说、诗歌,但一定要能写工作、生活中的实用文章,而且非写得既通顺又扎实不可。"

总结起来,应用文文体应具备以下特点:

(一)实用性

应用文的主要任务是解决实际问题。为了办某件事、解决某个问题、交流某项经验、疏通某种情感、达成某种协议,我们必须选择适合表达的具体文体。可以说,每种文体都体现出很强的实用价值。应用文不是供人审美、欣赏玩味的,更不是供文人骚客比试高下的,而是供人实践运用、达成一定实用目的的文体。

(二)真实性

应用文要求作者严格按照客观事物的本来面目进行写作,绝不允许虚构和凭空想象。真实性是应用文体写作的生命之所在。只有真实地向社会各方面传递各种信息,它的文体价值才会有效地实现。

(三)针对性

应用文写作有着明确的目的性,它是为处理和解决社会生活中的实际问题而进行的。它有着明确的接受对象,有强烈的针对色彩。从文体选择、格式安排到语词的运用,都要针对写作目的与读者对象而有所选择与取舍。

(四)时效性

时效性包括应用文的时代性、及时性、作用时间的有限性三层含义。所谓时代性,是说它要与现实紧密结合,紧跟时代,适应时代的变化与需求。所谓及时性,是说它要求在一定时限内完成写作任务,延期则会影响作用的发挥,甚至贻误工作。所谓作用时间的有效性,是说它只在一定时期内产生直接作用,写作目的实现了，其直接效用就会随之消失，文本就变成了档案材料。

（五）工具性

应用文本身不是人们追求的目标，仅仅是为实现特定目标而采取的手段。它以语言文字为中介，传递各种信息，在社会政治、经济、文化、科技乃至日常生活各个方面发挥工具作用。

（六）规范性

应用文的体式是固定的，严格讲究格式准确。其文本形式和制发程序都有特定要求，讲究规范。在实际写作中，不同种类的应用文都有一套为内容服务的相应的体式，都有其惯用的格式、结构、手法及写作要求，且相对稳定。当然，我们所说的固定，也只是一种相对意义的固定，从历史发展的观点来看，应用文体还将随着时代和社会生活的发展而有所变化。

行动评估

撰写通知

某班级要组织一次"爱心大行动"的义卖活动，用批发的商品与本地某企业联合组织义卖，用义卖的收入捐助贫困山区失学儿童及本地福利院的孤寡老人。为了搞好这次活动，班级于本周五举行义卖活动动员部署会，学校领导和相关企业的负责人都将参加会议。请你撰写一份会议通知。

要求：写明会议时间、地点、事项及要求等。

学习评价

以小组为单位，展示各组在本节学习过程中收集的材料及取得的成果。根据下表提示，对本节所有的学习活动进行评价。

评价内容	分值	评分		
		自我评价	小组评价	教师评价
本节的学习目标是否明确	5			
本节课的学习任务是否完成	10			
对"案例引导"内容的分析是否认真、透彻	15			

续表

评价内容	分值	评分		
		自我评价	小组评价	教师评价
通知撰写的完成情况	20			
通知的撰写是否认真	20			
"知识拓展"部分的内容是否掌握	15			
完成任务的时间安排是否合理	5			
学习过程中的自我认知能力	10			
合计				
综合平均得分				

第二节 运用规范语言，撰写个人文书

学习目标

一、知识目标

1. 学会用规范清晰的书面语言表达。

2. 学会撰写求职简历。

二、德育目标

1. 提升政治思想素质，提高职业素养。

2. 提升文化知识素质及书面表达能力。

案例引导

个人简历

基本情况

姓名	潘××	性别	女
出生年月	2001.9.18	民族	汉
政治面貌	团员	籍贯	山东省潍坊市
毕业院校	××科技职业技术学校	专业	计算机应用与维护
家庭住址	××市××路××新村	联系电话	138××××××××
电子邮件	×××@××.com	身份证号	××××××××××××××××××

学习经历

2016.9～2019.6	在××科技职业技术学校计算机应用与维护专业学习并毕业
2016.9～2019.6	考取全国计算机职业资格证书
2019.3～2019.6	参加电脑培训班，学习办公软件

工作经历

2018.6～2019.6	在××科技公司××部门实习
2019.6～2019.12	在××学校做计算机教师

个人特长

1. 能熟练操作计算机，并能处理常见的软硬件及网络故障。会使用Photoshop平面设计软件，懂CAD制图及网页三剑客，能熟练操作Office办公软件。
2. 英语具有初步的听、说、读、写能力。
3. 具有良好的沟通能力。

自我评价

本人性格开朗，待人热情、真诚，工作认真负责，能迅速地适应各种环境并融入其中。在一年多的工作时间内，积极按照领导要求完成各项工作任务，自己的能力和素质都有了进一步的提高。

求职意向

××公司计算机中心软件开发员

能力知识点

求职简历的写作技巧

1. 短小精悍

一些人总认为简历写得越长，越能表明自己有资历。其实不然，长篇累牍不等于有竞争力，短小精悍也不等于经历浅薄。要记住，简历一定要"简"。一般情况下，简历恰当的篇幅是在两页A4纸以内。经历确实很丰富的，有很多值得写的内容的，可以适当加页。

2. 重点突出

在写简历的时候要注意突出重点。不必写小学、中学在哪里读，少写虚话，如"性格好""我工作认真努力""本人精通办公软件"等，这些话让人难以了解你的实际能力，要尽量用数据和事实说明问题。

3. 针对性强

对于不同的行业、不同的企业、不同的职位，求职者应当事先分析，有针对性地设计简历。不能盲目地将一个标准的版本大量复制，应当备有几份不同的简历，在应聘某一单位某一岗位的时候选择最合适的一份。用人单位总是关注应聘者的知识背景和实践经历。因此，应聘者要针对自己应聘的单位和岗位列出相关专长。

能力训练

任务描述

请根据招聘启事，结合自己的实际情况，运用简历写作的基本技巧，写一份求职简历。注意简历的内容要完备，格式制作要规范，语言表达要清晰准确。

任务目标

正确认识自我，学会撰写能够展示自身优势的求职简历。

任务规则

1. 要实事求是地撰写求职简历，字迹要清晰。

2. 撰写求职简历时，禁止讨论。

3. 求职简历的内容要客观，语言要规范。

4. 教师进行考核，记录结果并纳入学生的学习评价中。

任务资料

某市公安局因工作需要，公开招聘部分协警，主要从事事务性工作。现将具体事项通知如下：

一、招聘条件

1. 中技及以上技术等级专业人才，熟悉电脑操作，有较强的写作能力；

2. 年龄23周岁以下；

3. 品行良好，无任何不良记录。

二、报名须提供的资料

1. 身份证复印件；

2. 毕业证复印件；

3. 1寸免冠彩色照片2张；

4. 相关技能证书复印件。

三、报名方法

有意向的应聘者请将上述材料及个人简历发送至电子邮箱××××@163.com。

联系人：王先生

联系电话：××××××××

联系时间：上午9～11时，下午14～16时

四、报名截止时间

2019年1月31日

任务实施

学生根据个人实际情况，恰当地组织文字，在20分钟内撰写一份求职简历，语言务必规范。教师挑选写得好的简历在全班进行交流，并予以点评。

_____

_____

_____

_____

_____

_____

_____

_____

_____

_____

任务反馈

1. 根据学生撰写的求职简历情况，有针对性地和部分学生进行交流。

2. 教师对每位学生的求职简历进行点评。

知识拓展

一、应用文的语言要求

1. 准确

准确，就是要正确地、恰当无误地表达出所要表达的内容，用词用语含义清楚，概念恰当明确，不产生歧义，不引起误会，无溢美之词，无隐恶之嫌。要做到语言准确，必须把握词语的分寸感和合适度，特别是要区分同义词、近义词在适用范围、词义轻重、搭配功能、语体雅俗、词性差别等方面的细微差别。要做到语言准确，还要注意语意鲜明，不能模棱两可、含糊其辞，以免产生歧义，延误工作。

2. 简明

简明，指文字简洁明白。要做到简明，首先，要精简文意，压缩篇幅，突出主干，把无关或关系不大的内容删去。其次，要反复锤炼，提高概括能力，杜绝堆砌修饰语，适当使用缩略语。第三，要注意用词通俗，不用生僻晦涩的字句。应该指出的是，简要得当，不能苟简，要以不妨碍内容的表达为前提，绝不能为简而生造词语、滥用文言，不能让人看不明白或产生歧义、引起误解。

3. 平实

应用文是为解决实际问题而写的，它的语言重在实用。一个字、一句话，往往至关重要。为了便于读者理解，应用文语言应力求平实。行文时多用平直的叙述、恰当的议论、简洁明了的说明。

应用文写作要求用语平实，但平实不等于平淡。我国历史上保留下来的许多文章既是应用文，同时又是文学佳作。

4.得体

应用文实用性强，讲究得体。一方面要适合特定的文体，按文体要求遣词造句，保持该文体的语言特色。另一方面要考虑作者自己的身份、阅读的对象、约稿的单位、行文的目的，甚至要顾及与客观环境的和谐一致、恰如其分。

二、应用文的措辞要符合撰文者的身份和行文关系

行政公文中，撰文者的身份是代笔人，代表的不是个人，而是所在单位，所以行文不能以第一人称，不要出现"我认为、我决定"等主观化的用词。

应用文的行文方向分为上行文、下行文、平行文三类。上行文是下级机关向上级机关报送的请求、报告等；下行文是上级机关向下级机关发送的公文，如决定、通报等；平行文指同级机关或不相隶属的机关之间的行文，如函。上行文的语言应平和委婉，尊重而不阿谀讨好；下行文的语言，应谦和但又不失度；与平行机关往来函件的语言，则应以诚以礼相待，平等协商。

行动评估

小组评估：你掌握了本节应用文写作的知识了吗？

互相交换简历，阅读后说说简历的内容是否完备、格式是否规范、运用了哪些写作技巧、语言是否通顺、表意是否清晰准确，并给出"好""较好""一般"的等级评价。

学习评价

以小组为单位，展示各组在本节学习过程中收集的材料及取得的成果。根据下表提示，对本节所有的学习活动进行评价。

评价内容	分值	评分		
		自我评价	小组评价	教师评价
本节的学习目标是否明确	5			
本节课的学习任务是否完成	10			
对"案例引导"内容的分析是否认真、透彻	15			
求职简历的完成情况	20			

续表

评价内容	分值	评分		
		自我评价	小组评价	教师评价
求职简历表的撰写是否认真	20			
"知识拓展"部分的内容是否掌握	15			
完成任务的时间安排是否合理	5			
学习过程中的自我认知能力	10			
合计				
综合平均得分				

第三节　注意行文格式，撰写办公文书

学习目标

一、知识目标

1.掌握行政文书的种类和基本的写作要求。

2.学会撰写请示。

二、德育目标

1.提升政治思想素质，提高职业素养。

2.提升文化知识素质及书面表达能力。

案例引导

关于低保家庭学生免费午餐经费的请示

××区人民政府办公室：

根据区政府的要求，为低保家庭学生提供免费午餐的工作已于3月11

日全面开始。按区民政局提供的名单,我区中小学生中共有3571名低保家庭的学生可以享受免费午餐。如按每学期20周、每餐4元的标准计算,完成此项工作全年所需经费为286万元,区教育局已采用多元筹措的方法完成了143万元的经费投入,另外143万元申请由区政府安民帮困基金予以解决。

以上妥否,请指示。

××市××区教育局(盖章)
××××年×月×日

点评:

这是一篇请求批准的请示。请示事由是贯彻执行区政府的要求,保证低保家庭学生免费午餐的供应;请示事项是经费不足,请求增拨经费;具体意见是通过区政府安民帮困基金解决不足部分的经费。其理由充分,事项明确具体,意见切实可行。

能力知识点

请示是下级机关向上级机关请求指示或批准事项的一种行政公文。

1.请示的特点

(1)请求性。请示的行文必定带有一定的意愿和要求,具有鲜明的请求性。

(2)专一性。一份请示只能就一项工作或一种情况、一个问题进行请示,不可以在一份请示件中提出多个事项。

(3)时效性。请示所涉及的问题和情况,大多较为重要和紧急,需要在一定的时间内及时办理和解决。

(4)针对性。请示的针对性很强。必须是本机关没有政策依据、没有审批权限或没有解决能力的重要事项,才能用请示行文。

2.请示的写作格式

(1)标题

①"发文机关+事由+文种名",如《××党支部关于恢复××同志党籍的请示》。

②"事由+文种名",如《关于开展春节拥军优属工作的请示》。

(2)主送机关

请示的主送机关是指负责受理和答复该文件的机关。请示只向特定的上级机关呈送,一般不直接送交领导个人。

（3）正文

一般由三层组成：① 请示缘由；② 请示事项和意见；③ 请求批复。

（4）署名和日期

在正文右下方签署发文机关名称，并写明写全发文时间。

注意事项：一文一事；一个主送机关；逐级请示。

能力训练

任务描述

××技师学院筹建电子实验室，自筹资金60万元，拟向省劳动和社会保障厅请求拨款50万元人民币。请代写一篇请示。（筹建电子实验室的理由可自行补充）

任务目标

格式正确，表达清晰，内容突出。

任务规则

1.学生要按要求撰写请示，字迹要清晰。

2.撰写请示时，禁止讨论。

3.请示的语句通顺，用词规范。

4.教师进行考核，记录结果并纳入学生的学习评价中。

任务资料

行政文书，或称公务文书，是国家机关在治理社会、管理国家的公务实践中使用的具有法定权威和规范格式的应用文。它是特殊规范化的文体，具有其他文体所没有的权威性，有法定的制作权限和确定的读者，有特定的行文格式、行文规则和办理办法。

任务实施

学生根据任务描述和要求，恰当地组织文字，在20分钟内撰写一篇请示，语言务必规范。教师挑选表现优秀的学生在全班进行交流，并予以点评。

_____

_____

_____

_____

_____

任务反馈

1.根据学生撰写请示的情况，有针对性地和部分学生进行交流。

2.教师对每位学生的请示作业进行点评。

知识拓展

公文的写作步骤和一般格式

一、什么是公文

公文是公务文书的简称，它是国家机关在行政管理过程中为处理公务而按规定格式制作的书面材料。

二、公文写作的步骤

（一）明确发文主旨

任何一份公文都是根据工作中的实际需要来拟写的，因此，在动笔之前，首先要弄清楚发文的主旨，即发文的主题与目的。

（二）收集有关资料，进行调查研究

发文的目的和主题明确之后，就可以围绕这个主题搜集材料，进行一定的调查研究了。

（三）拟出提纲，安排结构

提纲是所要拟写的文件的内容要点。拟提纲是为了把主要框架勾画出来，以便正式动笔之前，对全篇做通盘安排，使写作进展顺利，避免半途返工。

（四）落笔起草，拟写正文

结构安排好后，要按照提纲所列顺序拟写正文。写作中要注意：开宗明义，清楚地表达主题思想，逻辑概念及层次清晰，语句通顺，用词规范，书写工整。

（五）反复检查

初稿写出后，要认真进行修改。

行动评估

把下面这份请示的毛病指出来，并提出修改意见，然后请小组同学为你打分。

请示报告

×厂长：

　　您好！

　　最近气温日渐升高，我车间位于南面朝东的位置，室内十分炎热。为保证生产的正常进行，特请示安置立式空调一台。此外，申请配备SB2230型数字电阻测量仪三只。

　　谢谢！祝好！

四车间主任：李××

××××年×月×日

学习评价

　　以小组为单位，展示各组在本节学习过程中收集的材料及取得的成果。根据下表提示，对本节所有的学习活动进行评价。

评价内容	分值	评分		
		自我评价	小组评价	教师评价
本节的学习目标是否明确	5			
本节课的学习任务是否完成	10			
对"案例引导"内容的分析是否认真、透彻	15			
请示作业的完成情况	20			
请示的撰写是否认真	20			
"知识拓展"部分的内容是否掌握	15			

评价内容	分值	评分		
		自我评价	小组评价	教师评价
完成任务的时间安排是否合理	5			
学习过程中的自我认知能力	10			
合计				
综合平均得分				

第二部分

与人合作能力训练

第一单元 掌握计划

第一节 具备合作意愿

学习目标

一、能力目标

1. 打消与人合作的顾虑，积极地表达自己的合作需求，努力创造合作机会。

2. 认识合作的本质，了解合作各方的共同利益，确定自己是否具备合作意愿。

二、德育目标

1. 培养团队意识。

2. 培养团队成员之间团结互助的精神。

案例引导

钓 鱼

从前，有两个饥饿的人得到一个长者的恩赐：一根鱼竿和一篓鲜活的大鱼。

其中一个人要了鱼竿，另一个人要了鱼，他们得到各自想要的东西后就分道扬镳了。

其中一个人很快把鱼烧熟吃了，结果死在了空空的鱼篓边。

另一个人向海边走去，因为他知道海里有鱼。当他看到蔚蓝的海洋、用尽最后的力气向海边跑去时，却饿死在了海边。

另外同样有两个饥饿的人，他们也得到了同样的一根鱼竿和一篓鲜活的大鱼。

所不同的是，他们没有分开，而是共享了这篓大鱼，然后向遥远的海边走去。

从此以后，他们过着捕鱼为生的日子。几年后，他们盖上了自己的房子，后来又各自成了家，有了孩子，过上了幸福美满的生活。

问题：为什么前面的两个人都饿死了，而后面的两个人最后过上了幸福的生活？

_____

_____

_____

_____

能力训练

任务描述

传递接力

活动场地：教室或操场。

活动时间：5分钟左右。

活动用具：接力棒、秒表。

任务目标

体会团队合作的重要性。

任务规则

1. 接力棒从第一个同学连续传到最后一个同学，中间不能断开，每组连做三遍，看哪一遍用时最少。

2. 传递接力棒不准用手，如果手接触接力棒则要从第一个同学重新开始。

任务资料

1. 小组成员之间进行交流和沟通，找出每个成员在传递过程中的优势和劣势，让每个成员都能扬长避短。

2. 完成任务过程中体验团队合作的重要性，活动中避免出现个人英雄主义。

3. 阅读"知识拓展"部分的相关内容。

任务实施

1. 全班同学站成一排，按报数分成两组，然后熟悉小组人员，商讨传递的方法，开始第一次传递。

2. 教师指定记录员，计时并做记录。

3. 每次传递过后，每队可以商讨改进传递方法、调整人员排序。

任务反馈

1. 第几次用时最少？为什么？

2. 活动中，你是否尽了自己最大的努力？

知识拓展

所谓团队合作就是指一群有能力、有信念的人在特定的团队中，为了一个共同的目标相互支持、合作奋斗的过程。它可以调动团队成员的所有资源和才智，并且会自动地消除所有不和谐和不公正的现象，同时会给予那些真心诚意、大公无私的奉献者适当的回报。

一、真正的合作源于自动自发

作为一名员工，无论在什么样的公司就职，上岗后首先要自己学会主动寻找事情做。任职后，不要指望别人会把你要做的事情安排得十分妥当。能不能在新环境中成为优秀者，在于自己是不是主动。别人都有自己的事情，没有人去关注你，只有自己主动才能做好本职工作。

如果只是一味地被动工作，缺乏工作热情，这样的员工是不会有什么成就的。努力工作的员工并不是为了得到领导的器重，而是他们有更高的要求，他们会把工作当作一项事业来做。

二、互相配合，共同获利

合作各方紧密配合，大家都能从中获利，这样的合作才是成功的。

无数的事实告诉我们：合作时只有让对方知道你与他有着共同的利益，对方才会竭尽全力去做。在对方让你获得全部价值与服务、满足你所有需求和欲望的同时，你也应以自己的优势去满足对方，这样才会取得双赢。

三、合作提高工作效率

在知识日新月异的今天，一个人通常只能在某一个方面比较擅长。世界是一个大系统，现实中许多问题具有极强的综合性，光靠一个人的力量和智慧是很难或无法解决的。团队成员之间团结一心，取长补短，就能使1+1>2成为可能。

四、积极表达合作的意愿

有了合作意愿，就要积极地表达出来。如同在一个大型宴会上，你所围坐的席面，左右的客人都是不熟悉的。菜肴摆上来了，如果你主动用公用餐具给左边的客人布菜，向右边的客人敬酒，这个席面的气氛很快就会热烈起来。

在一些企业的宣传栏上，登载着这样的寓言故事：

有一天，一个人来到上帝那里，要和上帝讨论天堂和地狱的问题。

上帝对那个人说："好吧，我让你看看什么是地狱。"

他们走进一个房间，房间里有一大群人正围着一大锅肉汤，但每个人看起来都营养不良，饥饿而且绝望。原来，虽然他们手里都拿着一个可以伸到锅里的汤勺，但汤勺的柄比他们的手臂还长，他们没法把汤送进自己嘴里。

上帝又对那个人说："来吧，我让你看看什么是天堂。"

他们走进另一个房间。这个房间里的一切都和上一个房间一模一样，还是一群人、一锅汤、一样的长柄汤勺。唯一不同的是：大家都在快乐地唱歌。

那个人就问上帝："我不懂，为什么一样的环境和条件，他们快乐，而那个房间里的人却悲苦？"

上帝微笑着慈爱地回答："我的孩子，这很简单，因为在这里，大家都在喂别人，而在那里，他们只喂自己。"

如果把"天堂之人"与"地狱之人"看成是两个团队的话，他们的区别就在于：面对同样的情况，"天堂团队"通过成员间的相互合作最终实现了目标，而"地狱团队"的成员都在独自努力，付出很大力气却没有得到任何结果。由此可见，具有团队意识并懂得团队合作对一个团队能否快速实现目标有着至关重要的作用。

行动评估

活动：联为一体踢足球

目的：

1.让学员了解团队协作的必要性。

2.让学员体会团队协作中沟通的作用。

道具：绳子若干根、足球、哨子各一个。

步骤：

1.把整个团队分为人数相等的两组。

2. 让队员们选择和自己身材相当的人，组内结对，两人一对。

3. 让搭档们把一人的左脚与另一人的右脚从脚踝处绑在一起。

4. 每组选一对搭档，背靠背站立，并把他们的腰捆在一起，作为各队的守门员。

5. 两队开始足球比赛，分上、下两个半场，每个半场15分钟，半场结束时两队交换场地。

6. 游戏开始和结束，以哨声为准。

学习评价

以小组为单位，展示各组在本节学习过程中收集的材料及取得的成果。根据下表提示，对本节所有的学习活动进行评价。

评价内容	分值	评分		
		自我评价	小组评价	教师评价
本节的学习目标是否明确	5			
本节课的学习任务是否完成	10			
对"案例引导"内容的分析是否认真、透彻	15			
在活动中是否具有合作意识	20			
在活动中能否主动提出积极的建议	20			
在活动中是否能主动交流沟通	20			
在活动过程中是否尽力	10			
合计				
综合平均得分				

第二节　理解合作目标

学习目标

一、能力目标

1. 了解合作团队的宗旨、理念及目标。

2. 将个人目标与团队目标结合起来，凝心聚力实现团队目标。

二、德育目标

1. 培养集体主义精神。

2. 培养团队成员之间互帮互助的作风。

案例引导

猎人捕鸟

在候鸟过境的季节，有一个猎人在湖边架起网，把食物放在网中，当飞鸟下来争食时，猎人就趁机收网，每每成果丰硕。

有一天，在收网的一刹那，网里的鸟群一起振翅而飞，硬是把网子带向天空，朝湖边的树林飞去。眼看着鸟越飞越远，猎人仍然苦苦追赶。路过的行人好奇地问："你为什么跑得如此辛苦？"猎人指向空中说："我正在追那群鸟呢！"

行人抬头一看，候鸟已经飞到很远很远的地方，只剩下几个小点，于是忍不住劝他说："鸟在天上飞得那么快，你在地上跑得这么慢，怎么可能追得上？"

猎人喘着气说："它们虽然飞得高，飞得远，但太阳一下山，鸟们就会各自找地方栖息，当它们四处乱飞时，网就会掉下来，所以，只要不飞出我的视线范围，我迟早可以捉到它们的。"说完这话，便头也不回地继续飞奔而去。

天色渐晚，鸟儿准备栖息了，有的要向东，有的要向西。它们一边拍着翅膀，一边吵着要去的方向，最后，大家哪里都去不成，结果网慢慢落下来。锲而不舍的猎人，终于连网带鸟满载而归。

问题1：起初候鸟为什么能带网飞走？

_____

_____

_____

问题2：候鸟为什么最后被猎人捕到？

_____

_____

_____

_____

能力训练

任务描述

坐地起身

活动场地：教室、操场。

活动时间：15分钟。

任务目标

通过活动，同学们明白相互配合及合作的重要性。

任务规则

1. 每组先派出四个人，围成一圈，背对背地坐在地上（不能盘腿）。四个人手臂挽紧手臂，然后教师喊"1、2、3"，四人同时站起来。

2. 站起来后，依次增加人数，继续上述游戏。每次增加两人，直到小组成员都加入。

任务资料

1. 最先做游戏的四个人对小组其他成员有示范作用，队员间的配合和合作情况决定了任务能否完成。

2. 阅读"知识拓展"部分的相关内容。

任务实施

1. 首先把全班同学按10～12人进行分组，每组按要求选出最先做游戏的四个人。

2. 四个人围成一圈，背对背地坐在地上（不能盘腿）。四个人手臂挽紧手臂，然后教师喊"1、2、3"，四人同时站起来。

3.成功站起的小组，依次增加两人，继续上述游戏，直到小组成员都加入。看哪个小组先完成任务。

4.最后完成任务的小组表演节目。

任务反馈

1.人数多与人数少有什么区别？每组派一名同学发言。

2.通过这个游戏，你有什么感受？

知识拓展

一个团队，既有分工又有合作才能提高效率。怎么鼓励团队成员分工合作呢？首先要设定共同的目标。团队一定要根据需要，清楚地确定目标，然后对项目的各种因素进行讨论并决定完成的最后期限。

一、站在全局看问题

站在全局看问题，必须从整体出发，以整体观为指导，以分工合作为基础，加强横向联系。一个企业就是一个整体，只有它的各个部分有机地协调起来，才能实现发展。我们不管处在企业的哪个部门、哪个岗位，都是企业的一部分，都必须站在企业生存和发展的大局上来对待我们的工作，而绝不能仅仅站在局部的、部门的甚至个人的利益上看待工作。

树立大局观，最重要的就是正确处理个人与局部、个人与整体、局部与整体的关系。个人永远只是整体的一部分，个人利益只能服从整体利益，绝不能把个人利益凌驾于整体利益之上。个人与整体的关系如同小河与大河的关系，大河有水小河满。

具有大局意识的人最具有团结合作意识，最懂得团结合作的重要性，并能以自己的实际行动和牺牲精神带动周围的人。同时，具有大局观念的人是最有可能成为团队核心人物的人。

二、拥有共同目标

管理学家罗宾斯认为：团队就是由两个或者两个以上的相互作用、相互依赖的个体，为了特定目标而按照一定规则结合在一起的组织。在这里我们说，团队是由员工和管理层组成的一个共同体，该共同体合理利用每一个成员的知识和技能协同工作，达到共同的目标。

人和目标是构成团队的两大基本要素。在《为人民服务》里面有这样一段话："我们都是来自五湖四海，为了一个共同的革命目标走到一起来了。"这句话用来形容一个良好的团队，真是再贴切不过了。大家为了一个共同的目标而走到一起，并肩作战。战国末年，秦与六国皆诸侯，何以秦国统一天下而六国破灭？秦国之强大是不争的事实，但"六国破灭，非兵不利，战不善，弊在赂秦"，"弊"更在不合作。若六国有共同的目标，齐心协力，一致对秦，战胜秦国也不是不可能。

三、个人目标与共同目标是一致的

解放军是最具有凝聚力、最为团结的一个组织，每个士兵都把"团队利益就是个人的最大利益"作为自己的行为准则。

马克思和恩格斯曾说："只有在集体中，个人才能获得全面发展其才能的手段，也就是说，只有在集体中才可能有个人自由。"只有实现了团队利益最大化，才能确保个人利益最大化。

在任何企业或组织中，要想实现个人利益，就应在共同目标统一的前提下，以集体绩效为导向设立团队考核体系，提升员工工作效率，激发员工内在激情。个体分工合作，发挥各自特长，个体在共同目标下制定个体目标。个人的优势和潜能在实现个体目标的过程中得以展示和发挥，个人价值得到肯定，与此同时，共同目标也在一步步接近。当然，个体在完成个体目标的过程中，要不断地和团队成员沟通、磨合，及时更正错误或调整方向。共同目标促使团队不断完成工作任务，更使个体在奋斗中实现个人价值，所以集团绩效和个人成绩并不冲突，所谓"共存共荣"正是如此。

成功的人，要集众力、众智，懂得在团队中找自己，更懂得求同存异，在团队的共同目标中实现自我价值。

四、明确合作利益关系

洛克菲勒说过，要想成功，就要学会与人合作，先学会放弃眼前的那些利益，这样才能获取长远的大利。

在现代社会，每个人都要善于与人合作，懂得团队第一的原则，即团队利益高于一切，团队利益也就是个人的最大利益。有牺牲才有团队，没有牺牲就没有团队，就没有团队利益和个人利益。坚持团队第一的原则，与承认正当的个人利益并不冲突。不论是以团队利益否定正当的个人利益，还是以个人利益反对团队利益，都是错误的。团队第一的原则首先要求人们要为集体利益的实现做出自己的贡献，尊重正当的个人利益。团队第一的原则与个人主义原则是根本对立的，并反对把个人利益凌驾于团队利益之上，更不允许用个人利益否定团体利益。

行动评估

活动：合作跳绳

游戏工具：粗棉绳一条。

游戏目的：培养团队合作意识。

游戏规则：从团队中挑选两人摆绳，其他成员先一起跳过绳子，再列队依次跳过去。最后，计算出团队整体跳了多少下，用了多长时间，依次跳用了多长时间，以衡量团队的协作能力与成效。

学习评价

以小组为单位，展示各组在本节学习过程中收集的材料及取得的成果。根据下表提示，对本节所有的学习活动进行评价。

评价内容	分值	评分		
		自我评价	小组评价	教师评价
本节的学习目标是否明确	5			
本节课的学习任务是否完成	10			
对"案例引导"内容的分析是否认真、透彻	15			
在活动中是否具有合作意识	20			
在活动中能否主动提出积极的建议	20			
在活动中能否主动交流沟通	20			
在活动过程中是否尽力	10			
合计				
综合平均得分				

第三节 建立合作关系

学习目标

一、能力目标

1.加入团队，取得信任并建立合作关系。

2.学会协作，增强团结意识。

二、德育目标

1.培养诚实守信的品质。

2.培养团队成员之间团结互助的精神。

案例引导

结对帮扶好姐妹

在辽宁师范大学教育系里，有两位特殊的学生，一位叫王铮，另一位叫周婷婷。她们一个双目失明，一个双耳失聪。然而，就是这样的两个人组成了亲密无间的帮扶对子，她们在生活上、学习上互帮互助。周婷婷听不清看得清，她做了王铮的眼睛；王铮看不清听得清，她做了婷婷的耳朵。两人取长补短，扬长避短，在学习上取得了优异的成绩。

问题1：这两个身有残疾的学生为什么能取得成功？

_____

_____

_____

问题2：你从故事中得到了什么启发？

_____

_____

_____

能力训练

任务描述

救生木板

活动场地：教室或操场。

活动时间：5~8分钟。

所需器材：0.5米见方的木板。

任务目标

小组成员弘扬团结互助精神，共同完成任务。

任务规则

1. 将0.5米见方的木板放在空地上，把该木板看作本组成员在落水时唯一的救生木板。

2. 请每个小组想办法让更多的人站到木板上得以"获救"，每个"获救"的人都必须踩到木板上，看哪一组"获救"的人最多。

3. 完成任务时间限定在3分钟。

任务资料

1. 小组成员之间要有团结互助的精神。

2. 小组成员之间要彼此了解并进行充分的沟通和交流。

3. 阅读"知识拓展"部分的相关内容。

任务实施

1. 把全班分成若干组，每组8~10人，将0.5米见方的木板放在空地上，把小木板看作本组成员在落水时唯一的救生木板。

2. 小组成员用1分钟时间商讨办法。

3. 各小组按要求在规定的时间内完成任务，"获救"人数最多的小组为胜利方。

4. 落后方表演节目。

任务反馈

1. 在完成任务时，你们是怎么想的？又是怎么做的？有没有失败过？失败的原因是什么？

2. 通过这个活动你体会到了什么？

知识拓展

合作关系是指两个或两个以上独立的成员之间形成的一种协调关系。为了目标的顺利实现或效益最大化，我们不但要维护现有的人际关系，还要不断地扩展交际圈。在不同的时段，或为了不同的目标，我们要把握和适当调整与不同合作者的远近关系，懂得"二八理论"，重点关注关键的合作者。

一、维护和扩大职业圈

职场上，能有熟人相助，很多事情办起来就方便许多。许多成功的故事说明，每一个领域都需要人脉资源，而职场人脉关系一直都是职场新人的软肋。虽然新一届大学毕业生经历了十几年寒窗苦读，知识底子不薄，然而其人脉资源往往极为有限。

成功学大师卡耐基曾说："当一个人认识到借助别人的力量比独自劳作更有效益时，标志着他的一次质的飞跃。"这是亘古不变的至理名言。有谁能够从不依靠别人而成功的呢？因此，对于一个事业初创、谋求成功的人来说，关键往往不在于自己有没有本钱，而取决于有没有良好的人际关系。古人云："登高而招，臂非加长也，而见者远；顺风而呼，声非加疾也，而闻者彰。"这句话形象地说明了外界力量的重要性。

二、分出合作关系的远近亲疏

正所谓："人有亲疏之分，脉有巨细之别。"有的人际关系经常年修炼，早已雷打不动；而有的则相对生涩，看起来不那么可靠。作为一个职业人，要经常对自己的关系网进行筛选、分类、排队、理顺。

人脉资源根据重要程度的不同，可以分为以下几类：

核心层人脉资源：指对职业和事业生涯能起到核心、关键、重要、决定作用的人脉资源。

紧密层人脉资源：指在核心层人脉资源的基础上经适当地扩展而形成的人脉资源。对一个营销经理而言，这类资源有公司的董事会成员、其他领导、其他部门同事、一般下属、次重点客户、对自己有影响的老师和同学等。

松散备用层人脉资源：指根据自己的职业与事业生涯规划，在将来可能对自己有重大或一定影响的人脉资源。

用一种形象的说法来描述职业关系，即职业圈。以自己为圆心，依据合作关系的远近亲疏，画成一层又一层、半径不等的圈。一般为三个同心圆套在一起：最里边的称作内圈，中间的是中圈，远一些的称作外圈。

职业内圈，主要是你的直接上司、工作搭档或者直接下属。内圈的人是最重要的合作者。根据每个人职业性质的不同，内圈的人数或者两三位，或者七八位。中圈，主要是本部门的同事、其他部门的相关员工、外部相关部门的人员。根据职业性质的不同，中圈的人数或者七八位，或者几十位。外圈，大范围的合作关系，有客户、高层领导、间接下属和职业生涯中各方面的朋友。该圈内的人合作频率较低，但是，在关键时刻这些人有着重要的作用。外圈的人数或者几十人，或者一二百人。有些职业人的合作关系非常广泛，如营销员、艺术家、经理人、公务员、教师等，其外圈的合作人数可达千人。

三、重点关注关键的合作者

企业经营管理中有一个著名的"二八理论"，通常的意义是说，在企业中20%的产品在创造着企业80%的利润，20%的顾客为企业带来80%的收入，20%的骨干在创造着80%的财富，80%的质量瑕疵是由20%的原因造成的等。"二八理论"告诉我们，要抓住那些决定事物命运和本质的关键的少数。

经营人脉资源也是如此。也许，对你一生的前途命运起重大影响和决定作用的，也就是那么几个重要人物，甚至只是一个人。我们不能平均使用我们的时间、精力和资源，我们必须区别对待，我们必须对影响或可能影响我们前途和命运的20%的贵人另眼相看，我们必须在他们身上花费80%的时间、精力和资源。

企业家威廉·穆尔在为某公司销售油漆时，头一个月仅挣了160美元。此后，他仔细研究了商界的"二八法则"，分析了自己的销售图表，发现他80%的收益来自20%的客户，但是他过去却对所有的客户花费了同样多的时间。于是，他要求把他最不活跃的36个客户重新分派给其他销售人员，而自己则把精力集中到最有希望的客户上。很快，他一个月就赚到了1000美元。穆尔学会了"二八法则"，这使他最终成为凯利-穆尔油漆公司的董事长。

行动评估

活动：走原木

参加人员：各队16名男队员、1名女队员。

游戏规则：所有男队员站在一根原木上，然后想办法让本队的女队员通过这根原木，从原木的一端走到另一端。

注意事项：以最快到者为胜，女队员和男队员都不允许从原木上掉下来。

学习评价

以小组为单位，展示各组在本节学习过程中收集的材料及取得的成果。根据下表提示，对本节所有的学习活动进行评价。

评价内容	分值	评分		
		自我评价	小组评价	教师评价
本节的学习目标是否明确	5			
本节课的学习任务是否完成	10			
对"案例引导"内容的分析是否认真、透彻	15			
在活动中是否具有合作意识	20			
在活动中能否主动提出积极的建议	20			
在活动中是否能主动交流沟通	20			
活动过程中是否尽力	10			
合计				
综合平均得分				

第二单元　制订计划

第一节　挖掘合作资源

学习目标

一、能力目标

通过对合作资源的挖掘，培养与人合作的工作能力。

二、德育目标

积极主动地挖掘合作资源，并与充满正能量的人合作，让自己的发展空间更大。

案例引导

"结盟巨人"模式

有一家名叫"天山红"的刀具小企业，一年竟卖出上亿元的产品。它是怎么卖的呢？很简单，"天山红"找了几家长年合作单位，如方太、老板、帅康等小家电巨头，向他们提供定制的五件套或者七件套刀具，作为他们销售厨房家电的促销赠品。通过这种合作，家电大卖场迎合顾客求实惠的心理需求，小家电巨头没有了价格促销的烦恼。"天山红"呢，伴上了几位大哥，轻轻松松有了不小的市场。这种小企业伴上大企业的赢利模式，我们形象地称之为"结盟巨人"模式。

问题1：什么是"结盟巨人"模式？

问题2：什么是战略联盟模式？

范蠡卖马

史料记载，战国时期名相范蠡（越王勾践的重要谋臣，协助越王击败吴王夫差后携西施泛舟于五湖而不知所终，传奇故事广为流传），在初出茅庐尚未谋得一官半职时，曾将政治上的合纵之术运用到商业中，成功获得第一桶金。时值诸侯割据、战事不断，范蠡发现了一个巨大的市场需求：吴越一带需要大量战马，而北方多牧场，马匹便宜又剽悍，如果能将北方低成本的马匹高效率地运到吴越，一定能够大获其利。可问题是：买马不难，卖马也不难，就是运马难。且不说千里迢迢，人马住宿费用代价高昂，更要命的是当时正值兵荒马乱，沿途常有强盗出没。怎么办？经过一番设计和调查，终于了解到北方有一个很有势力、经常贩运麻布到吴越的巨商姜子盾，姜子盾因常贩运麻布早已用金银买通了沿途强人。于是，范蠡就把主意放在了姜子盾的身上。在获知某天姜子盾将要经过城门时，范蠡写了一张告示张贴在城门口，大意是：范蠡新组建了一只马队，开业酬宾，可免费帮人向吴越运送货物。

果然，姜子盾看了告示之后主动找到范蠡，求运麻布。范蠡满口答应。就这样范蠡与姜子盾一路同行，货物连同马匹都安全到达吴越。马匹在吴越很快卖出，范蠡因此获得了巨大的商业利益。

问题1：范蠡卖马的故事说明了什么？

问题2：战略联盟指的是什么？

能力训练

任务描述

绘制合作资源表格。

任务目标

将可以利用的合作资源列入计划。

任务规则

采用罗列表格的方法。

任务资料

将自己的社会关系列出。

任务实施

分析其职业能力、所掌握的技术、所拥有的信息、可以调动的设备、可以安排的资金等要素。所涉及的要素尽量具体、详细。分析通过这些人可以获得的间接合作资源，尽可能地扩大合作范围。

任务反馈

这些人是否纳入了完成工作任务的范围？通过这些人，是否获得了间接合作资源？

知识拓展

一、没有人会拥有所有资源

完成一项工作任务需要涉及人、资金、设备、信息、技术这五个方面的因素。这些资源不可能被某人全部拥有，也不可能被某个部门或者某个企业全部拥有。

英国作家萧伯纳曾说："两个人各自拿着一个苹果，互相交换，每人仍然只有一个苹果；两个人各自拥有一个思想，互相交换，每个人就拥有两个思想。"如果团队中每个成员都能把自己掌握的知识、技术、思想等资源拿出来，和团队其他成员分享，集体的智慧就会产生巨大的能量，就会产生1+1>2的效果。

二、注意有价值的合作资源

不要忽视那些表面看来比较弱的人。有些合作资源是巧遇得来的，正所谓

"有心栽花花不发，无心插柳柳成荫"。人与人之间的关系，如果可以分为深厚、一般和偶遇的话，那么深厚的友谊当然是我们首选的资源库，而一般和偶遇的关系我们也不能忽视。我们以一家公司招聘为例：如果有50个大学生前来应聘，但是公司只能录用10个。按照常理，落选人员和公司的关系即到此为止了，可是，虽然这些人在这家公司落选了，但他们必然会进入其他公司。如果公司换一种策略，设法和他们搞好关系，就可以有效地扩展公司的合作资源。

为了不忽略自己身边丰富的合作资源，可以采用罗列表格的方法，将自己的社会关系列出来，分析其职业能力、所掌握的技术、所拥有的信息、可以调动的设备、可以安排的资金等要素，而且所涉及的要素要尽量具体、详细。

三、学习挖掘资源

别人是我们的资源，同样，我们也是别人的资源。这个原理就决定我们有很多资源可以开发和利用。大公司里有大资源，小公司里有小资源。我们进不了大公司就进小公司，我们获得不了大资源就获得小资源。怎么才能在社会上获得更多的资源呢？

其实很简单，我们只要做到以下几点：

◆ 做一个正直、善良、富有责任感和使命感的人。
◆ 做一个渴望成功、追求进步、爱学习、爱思考、勤奋的人。
◆ 能像维护自己的利益、名誉一样去维护别人的利益、名誉。
◆ 忠于自己团队的目标，把自己的目标设置在团队目标之内。
◆ 能得到对手的敬佩。

世界上没有一个人愿意与他不信任的人合作。我们要成为值得别人信赖的人、别人愿意合作的人、愿意共享资源的人。当你懂得挖掘资源、懂得合作的时候，无论做什么，都会赢得一席之地。

行动评估

活动：艰难使命

人数：将队员划分成若干个小组，每小组5~7人。

道具：每个小组配置一段长10米、直径12毫米的绳子，一个约2.4米长的笤帚把（或类似尺寸的树枝），一根约2.4米长、直径5厘米的竿子（或类似尺寸的树干），一块4米长、截面为20厘米×5厘米的硬木板，一个装有半桶水的水桶，一个1.2米高的陡坡（可用类似的阳台代替）。

目的：

1. 展示同心协力的益处。

2. 培养团队精神。

3. 让团队完成一个似乎不可能完成的任务。

步骤：

1. 将队员划分成若干个由5～7人组成的小组，每组选一名志愿者做监护员。

2. 让各个小组站在陡坡上，把水桶放在他们不易拿到的地方——需要他们动脑筋、费力气才能拿到。

3. 要求各小组成员利用所给的道具拿到水桶，并且不允许离开斜坡。只有按照要求拿到水桶，而且里面的水不溢出，才算成功。

问题：团队精神对公司的发展起到什么作用？

学习评价

以小组为单位，展示各组在本节学习过程中收集的材料及取得的成果。根据下表提示，对本节所有的学习活动进行评价。

评价内容	分值	评分		
		自我评价	小组评价	教师评价
本节的学习目标是否明确	5			
本节课的学习任务是否完成	10			
对"案例引导"内容的分析是否认真、透彻	15			
与同学的配合是否步调一致	20			
自我认知合作能力	20			
"知识拓展"部分的内容是否掌握	15			
完成任务的时间安排是否合理	5			

续表

评价内容	分值	评分		
		自我评价	小组评价	教师评价
学习过程中的自我合作能力	10			
合计				
综合平均得分				

第二节　确定适宜人选

学习目标

一、能力目标

通过对任务的分工，先发现人才，后培养人才。

二、德育目标

合理利用合作资源，把具体事务更多地交给专业性人才，创造性地开展工作。

案例引导

招聘中存在的问题

某精密机械公司在最近几年招募中层管理人员时不断遇到困难。该公司是制造并销售较复杂机器的公司，目前重组成六个半自动制造部门。公司的高层管理层相信这些部门的经理有必要了解生产线和生产过程，因为许多管理决策需在此基础上做出。传统上，公司一贯严格地从内部选拔人员，但不久就发现提拔到中层管理职位的基层员工缺乏相应的适应他们新职位的技能。

公司决定改为从外部招募，尤其是招聘那些企业管理专业的好学生。通过一个职业招募机构，公司得到了许多优秀的工商管理专业毕业生做候选人。公司录用了一些，并先放在基层管理职位上，以便为今后提为中层管理人员做准备。不料在两年之内，这些人都离开了该公司。

公司只好又回到以前的政策，从内部提拔，但又碰到了过去就存在的素质欠佳的问题。而且，有几个重要职位的中层管理人员将要退休了，他们的空缺亟待称职的后继者。面对这一问题，公司想请咨询专家来出些主意。

问题1：这家公司确实存在提拔和招募方面的问题吗？

_____

_____

问题2：如果你是招聘方面的咨询专家，你对该公司会有什么建议？

_____

_____

能力训练

任务描述

制订一份资源合作计划。

任务目标

充分了解合作伙伴并充分考虑合作伙伴的长处。

任务规则

采用罗列表格的方法。

任务资料

安排适宜的人做适宜的事，避免亲力亲为。

任务实施

依照各自特点安排工作任务，合作计划必须体现群体的作用。

任务反馈

是否充分了解合作伙伴，是否发掘了合作伙伴的长处，是否确定了适宜的人选。

知识拓展

一、尽力将工作安排下去

在合作计划里，处于合作主导地位的人所承担的工作量应该少于其他合作者。这样安排，是为了保证合作的主导者能够有更多的精力发现合作中存在的问题，控制合作进程，弥补他人过失。

即使是自己很熟悉的工作，只要有合适的人选，就要尽量安排出去。这样做，不是推卸自己的责任，也不是偷懒，目的是发挥群体的作用。因为"一把手"是谋划全局、把握全局的，他的责任比属下每一个人都大。如果"一把手"事无巨细都亲力亲为，他肯定"为"不过来，身体也会吃不消。受精力限制，还有可能降低把握全局、指导全局的能力，影响工作质量。另外，亲力亲为不易于发挥属下的作用。如果"一把手"事事大包大揽，既会给属下造成对自己不信任的印象，也会使属下产生懒惰、依赖情绪，工作不尽心、不尽力，更别说创造性地开展工作了。

二、避免凡事亲力亲为

一个合理的公司组织，人才梯队或为金字塔形、菱形，或为倒金字塔形。领导事事亲力亲为的公司，其人才梯队往往有严重缺失：中下层人才居多，能力强的高端人才要么没有，要么没有承担起应有的职责。

领导要学会适当"不做事"，建立起有效的授权、分工机制和适合企业自身的人才招募、培养通道，把具体事务更多地交给专业性人才。

三、安排适宜之人

在最恰当的时间将最好的人放到最恰当的位置上，这应该是现代企业或组织正确的用人之道。无论什么时候，人适其岗才能战无不胜。

考虑工作任务的人选，不能只注意那些所谓的杰出人士。杰出与否，是个相对的概念。要根据工作任务，安排适宜的人去做适宜的事，这是保证合作成效的基本点。

行动评估

活动：盲人方阵

道具：长绳一根。

场地：空旷的大场地。

游戏规则：所有队员都蒙上眼睛，将一根绳子拉成一个最大的正方形，并且所有队员都要均分在四条边上。

活动目的：主要锻炼大家的团队、合作及沟通能力。

问题：如何在信息不充分的条件下寻找出路？

学习评价

以小组为单位，展示各组在本节学习过程中收集的材料及取得的成果。根据下表提示，对本节所有的学习活动进行评价。

评价内容	分值	评分		
		自我评价	小组评价	教师评价
本节的学习目标是否明确	5			
本节课的学习任务是否完成	10			
对"案例引导"内容的分析是否认真、透彻	15			
与同学的配合是否步调一致	20			
自我认知合作能力	20			
"知识拓展"部分的内容是否掌握	15			
完成任务的时间安排是否合理	5			
学习过程中的自我合作能力	10			
合计				
综合平均得分				

第三节　明确合作任务

学习目标

一、能力目标

根据挖掘出的资源和确定的人选，使他人明确自己的任务。

二、德育目标

采用商议的方式布置工作，调动大家的工作积极性，使其感受到自己的价值。

案例引导

万家公司存在的问题

万家公司是一家大型的家用电器集团公司。近年来该公司发展过于迅速，人员也快速增加，因此许多问题逐渐暴露出来。表现比较突出的就是岗位职责不清，有的事情没有人管，有的事情大家都在管，但又发生推诿扯皮的现象。现在公司使用的《岗位职责说明》已经是几年前的版本了，可实际情况已经发生了很大变化，因此根本就无法起到指导工作的作用。由于没有清晰的岗位职责，因此各个岗位上的用人标准也比较模糊。这样，人才的招聘、选拔、提升就全凭领导的主观意见了，公司的薪酬激励体系也无法与岗位的价值相对等。员工在这些方面意见很大，士气也有所下降。最近公司进行了一系列重组工作，年轻有为的新的高层团队也开始发挥作用，他们看到公司目前面临的问题，决定请专业的咨询顾问进行一次系统的人力资源管理诊断和设计。工作分析是人力资源管理工作的基础，因此专家建议首先从工作分析入手。

问题1：如何指派工作？

问题2：如何通过合作中的沟通交流及指导，实现预期的目标？

_____

_____

_____

能力训练

任务描述

按照步骤来指派工作，把商议的计划落到实处。

任务目标

使多数人参与合作计划的制订，通过适宜的方法明确工作任务；理解别人所表达的意思。

任务规则

按照计划指派工作。

任务资料

根据所掌握的资源确定人选，与相关的人进行正式沟通。

任务实施

讲清合作目标，说出工作需要，阐述分工情况。

任务反馈

是否掌握与人沟通的技巧，是否能保证合作计划的传递效果。

知识拓展

一、商议过的计划更容易落实

合作计划不能一个人独立制订，必须在其他人的参与下完成。作为主导者，也只能写出一个初步的设想，应通过征求合作者的意见和建议形成完整的合作计划，这样落实起来会更容易。

松下幸之助曾经这样对公司的部门经理说："我每天要自己做出很多决定，并且对于员工的建议还要批准很多。其实，所有员工的建议，只有40%是我真正赞成的，剩下的60%是我觉得勉强过得去而保留的。"松下讲完之后，部门经理觉得非常奇怪。松下之所以这样做，是因为他明白，那些可以勉强过得去的计划，在计划的实施过程中，可以通过沟通交流和指导实现预期的目标。一味地否决，对于一个领导者来说，只会遭到员工的反感。因为任何人被否定之后，都会有抵触的心理。

二、将工作任务分解

将一项看起来很庞大的工作，分解成若干个分项，根据所掌握的资源，确定适宜的人选，然后，与相关人员进行沟通。沟通可以采取集体沟通和个别沟通相结合的方式。有时，一次沟通不一定完全到位，还需要多次沟通。沟通的步骤如下：

第一步，讲清合作目标。清晰地讲出要做什么事情，达到什么目标。在讲述合作目标时，应采用直接、简单并且能打动人心的方式，以引起合作者的注意。

第二步，说出工作需要。列举合作者的特点和优势，使其感到自己参与的价值和意义，认识到自己是合作的最佳人选。

第三步，阐述分工情况。详细地向合作者介绍工作任务、有哪些项目、缺什么人才、承担什么责任等。提出工作分工建议的时候，要认真征求对方的意见。

完成以上的步骤之后，重新审核合作计划，进行必要的修订。经过有关部门、上级领导审批后，将合作计划以文字的形式确定下来，然后将确定的任务布置下去，使合作者各就各位。

三、区别过程和结果

在合作工作前，已经进行了分工。这里的分工并不是简单地分配任务，而是让大家对团队目标或任务提出意见和建议。在充分尊重大家意见的情况下，布置合作任务，并形成书面报告，这就是制订计划的结果。

四、保证合作计划的传递效果

合作计划的传递要注意文字和口头沟通的互补。在商议计划、征求意见的时候，多采用口头沟通的方式。口头沟通，比较生动、亲切，能够及时反馈，但是这种方式的信息传递有时会出现漏洞，甚至造成曲解，所以文字沟通是不可或缺的。在合作目标、方式、任务分工确定以后，要将合作计划整理成正式的文字。行动的时候，每位合作者不是凭各自的记忆，而是依据这份文字资料。同时，在布置任务时，除了口头沟通和文字发布以外，还要检查合作者的理解情况，从中发现问题，及时沟通交流，保证信息传递的正确性。

行动评估

活动：链接加速

活动目的：培养团队成员的团结协作精神。

场地要求：一片空旷的大场地。

游戏规则：参加游戏者6人（3男3女）一组，后边的人左手抬起前边人的左腿，右手搭在前边人的右肩，形成小火车，最后一名同学也要单脚跳步前进，不能双脚着地。场地上画好起跑线和终点线，游戏开始时，各队从起跑线出发，跳步前进，绕过障碍物回到起点，最先到达起点的小组为胜。

注意事项：

1. 游戏过程中队员必须跳步前进，不允许松手。

2. 以各队最后一名同学通过终点线为准。

3. 比赛过程中不许乱道，犯规一次扣时2秒，依次累加。

问题：如何培养团队协作能力？

学习评价

以小组为单位，展示各组在本节学习过程中收集的材料及取得的成果。根据下表提示，对本节所有的学习活动进行评价。

评价内容	分值	评分		
		自我评价	小组评价	教师评价
本节的学习目标是否明确	5			
本节课的学习任务是否完成	10			
对"案例引导"内容的分析是否认真、透彻	15			
与同学的配合是否步调一致	20			
自我认知合作能力	20			
"知识拓展"部分的内容是否掌握	15			
完成任务的时间安排是否合理	5			

续表

评价内容	分值	评分		
		自我评价	小组评价	教师评价
学习过程中的自我合作能力	10			
合计				
综合平均得分				

第四节　商议合作规则

学习目标

一、能力目标

估计合作过程中可能出现的矛盾，做好预测与防范，制定合理的合作规则。

二、德育目标

考虑他人利益，具备职业道德和责任心，商议合作规则，达到协同共赢。

案例引导

在山东某地的一条街上，有三家同样的服装店。"同行是冤家"，开始时他们采取竞相压价等"小动作"来排挤对方，恨不得让对手早日关门。消费者见他们相互诋毁，商品价格也非常离谱，便对他们的信誉和商品质量产生了怀疑。结果三家店铺的生意日渐冷落，经营惨淡。一个偶然的机会，三位店主坐到了一起……

问题1：你能为他们找到经营惨淡的主要原因吗？

_____

_____

_____

问题2：如果你是其中一位店主，你会做出怎样的规划？

_____

_____

_____

有一个年轻人专门做安防设备，在河南的生意一直非常不错。有一天，一个好友上门找到了他。这位好友有一些资源，年轻人请求好友与他一起合作。好友提出把河南市场交给自己管理，年轻人去另外一个地方开辟新市场，年轻人同意了。一年之后年轻人回来了，他惊讶地发现，河南市场的占有率只剩下了10%，90%都被当地的一家新公司抢走了。后来他顺藤摸瓜地查了一下，原来新公司的法人正是他的合伙人。

问题1：年轻人失败的原因是什么？

_____

_____

_____

问题2：规则的作用有哪些？

_____

_____

_____

能力训练

任务描述

与合作者讨论制定规则。

任务目标

商议合作规则，将大家共同认可的规则列入合作计划当中，为执行合作任务、实现合作目标提供保障。

任务规则

明白规则会起到约束和调节的作用。

任务资料

规则能起到调节作用，没有规矩不成方圆。

任务实施

使大家明白没有规则会造成巨大的失误，规则会起到约束作用。

任务反馈

信息传递不准确会造成什么样的后果。

知识拓展

一、冲突造成的损失难以弥补

生产力低下、效率低就是在浪费大家的时间和企业的资源。职场上的冲突会造成管理者和员工无法致力于达成工作目标，形成消极的工作环境，影响当事人，也拖累其他人。如果冲突未能妥善化解，整个工作环境就难免日趋紧张。消极的氛围，除了降低生产力，带来长久的损失，还可能会促使优秀的员工离开公司。

在面对冲突时，当事者不要采用针尖对麦芒的方式，搞得两败俱伤，而是要通过沟通、寻求协同点和长远利益结合点，达到协同共赢。

二、规则可以起到约束和调节作用

合作计划中，必须有合作规则。规则是供大家共同遵守的制度或者章程。合作共事的人，需要具备基本的职业道德和责任心，能够考虑他人利益。合作共事绝不能单纯依靠道德约束，必须制定有关的规则，对大家起到一定的约束作用，遇到事情有据可依。

有7个人组成了一个小团体共同生活，通过制定制度来分食一锅粥，但并没有称量用具和有刻度的容器。

大家尝试了不同的方法，发挥了聪明才智，经多次商议形成了日益完善的制度——每个人轮流值日分粥，但是分粥的那个人要最后一个领粥。令人惊奇的是，在这个制度下，7只碗里的粥每次都一样多，就像用科学仪器量过的一样。每个主持分粥的人都认识到，如果7只碗里的粥不相同，他就将享有那份最少的。

由此可见，制度至关紧要。好的制度浑然天成，清晰而精妙，既简洁又高效。

三、个体利益服从团体利益

团体是由个体组成的。在制定合作规则时，要兼顾团体和个体的利益。当个体利益和团体利益发生冲突时，个体利益要服从团体利益。

前几年，交通部发文取消了针对一些小排量汽车上路行驶的限制。文件发布后，社会各界普遍反映这是一项符合我国能源供给实际和大众消费水平的政策，不仅有利于缓解能源紧张状况、保护环境，而且有利于培育我国汽车工业的自主品牌；但是，在少数地方媒体上也出现了一些杂音，无非是说小排量车污染大、车速低、故障多、安全性差等。听起来似乎有些道理，但实际上这些小道理都应该服从国家宏观政策。问题的解决得益于思想认识的统一，得益于把思想统一到国家的宏观政策上来。从建设社会主义市场经济角度考虑问题，地方的千般道理、万般理由都要服从国家宏观政策的大方向。

行动评估

活动：圆球游戏

游戏工具：圆球若干。

游戏目的：使团队成员认识到合作的重要性，懂得发挥团队智慧。鼓励创新精神，打破固有的思维定式，将不可能转化为可能。

游戏规则：

1. 所有的人分成三组，分别配有1、2、3号球。

2. 将球按1、2、3号的顺序从发起者手里发出，最后按此顺序回到发起者手里。在传递过程中，每一人都必须触到球，所需时间最少的获胜。

3. 球掉在地上一次完成时间加10秒。

问题：如何打破固有的思维定式？

学习评价

以小组为单位，展示各组在本节学习过程中收集的材料及取得的成果。根据下表提示，对本节所有的学习活动进行评价。

评价内容	分值	评分		
		自我评价	小组评价	教师评价
本节的学习目标是否明确	5			
本节课的学习任务是否完成	10			

续表

评价内容	分值	评分		
		自我评价	小组评价	教师评价
对"案例引导"内容的分析是否认真、透彻	15			
与同学的配合是否步调一致	20			
自我认知合作能力	20			
"知识拓展"部分的内容是否掌握	15			
完成任务的时间安排是否合理	5			
学习过程中的自我合作能力	10			
合计				
综合平均得分				

第三单元 执行任务

第一节 接受工作安排

学习目标

一、能力目标

1.适当调整自己的心态，积极有效地接受工作安排。

2.培养自己主动工作的意识和习惯。

二、德育目标

1.了解工作过程，培养职业素养。

2.学会合作，培养大局意识。

案例引导

先当服从者，再当领导者

阿尔·柯林斯生长在一个穷困的乡村黑人家庭。出于对海军生活的向往和憧憬，高中毕业后，阿尔毅然去当地海军招兵处报名入伍。母亲亲自把他送上了开往奥兰多新兵训练营的长途汽车，她的临别赠言让阿尔终生难忘："我只嘱咐你一句话：要想当杰出的领导者，只有先当出色的服从者。海军那些人知道该干什么，你只有按他们的吩咐去做，准保将来有出息！"

阿尔从上军舰那一刻起，就把老妈的忠告付诸实践。他在新兵训练营的表现令人刮目相看。当他父母出席新兵受训结业典礼时，指挥官把他们拉到一旁说：

"像他这样脑袋聪明、一教就会、听话守纪律的新兵，实在罕见！"

多年后，阿尔告诉我，他从未料到自己能干得如此出色："不知我是太精明还是太傻，除了一丝不苟地执行命令外，凡事我都想搞个水落石出。"阿尔坚定不移地贯彻自己的信念，最终取得了丰厚回报。

问题1：是什么使阿尔·柯林斯成为一名杰出的领导者？

_____

_____

_____

问题2：在现实生活和学习中，你是否能愉快地接受别人给你安排的工作？

_____

_____

_____

三个工人砌墙

三个工人在砌一堵墙。有人过来问他们："你们在干什么？"

第一个抬头苦笑着说："没看见吗？砌墙！我正在搬运着那些重得要命的石块呢。这可真是累人啊……"

第二个人抬头苦笑着说："我们在盖一栋高楼，不过这份工作可真是不轻松啊……"

第三个人满脸笑容地说："我们正在建设一座新城市。我们现在所盖的这幢大楼未来将成为城市的标志性建筑之一啊！想想能够参与这样一个工程，真是令人兴奋。"

十年后，第一个人依然在砌墙；第二个人坐在办公室里画图纸，成了工程师；第三个人，是前两个人的老板。

问题1：为什么他们同样的起点、同样的遭遇，但是十年以后的成就却截然不同？

_____

_____

_____

问题2：你从这个故事中得到什么启示？

_____

能力训练

任务描述

采取抽签的方式，从小组成员中选择一个担任"教练员"，然后在"教练员"的指挥下，小组成员排成横队，按照军事训练的要求，迈正步前进。

任务目标

自觉接受指令，检验个人忍耐力。

任务规则

1. 小组成员抽签决定"教练员"。

2. 正步的标准、步幅、节奏，由"教练员"来确定。

3. "教练员"可以设立一些有难度的动作。

4. "教练员"可以采取惩罚措施。

任务资料

1. 抽签用纸。

2. 一根小木棍。

任务实施

1. 小组成员抽签决定"教练员"。

2. "教练员"要求小组成员完成抬腿的动作，腿尽可能地抬高，并且要坚持一段时间。

3. "教练员"可以准备一根小木棍，敲击那些动作不符合要求者的腿肚子。

4. 如果小组成员表现出反感情绪，"教练员"可以要求男生做10次俯卧撑，女生做20次仰卧起坐。

任务反馈

1. 学生自我评估，并交流参加活动的感受。

2. 教师对每位学生的表现进行点评。

知识拓展

通过商议制订出合作计划之后，团队成员要端正自己的态度，积极地接受任务，并能够按照计划保质保量地完成任务。在完成任务的过程中，如果遇到计划外的事情发生，要能够及时调整，保证合作计划的顺利实施。

在接受和完成任务的过程中，全体成员一定要时刻提醒自己，大家的目标是一致的。只有这样，才能排除一切来自内部和外部的干扰，充分发挥各自的才能和智慧，顺利实现共同的目标。

一、控制逆反心理

逆反心理是指人们为了维护自尊而对对方的要求采取相反的态度和言行的一种心理状态，这是处于青春期的青少年常有的心理反应。在工作中有时也会出现逆反心理。比如接受工作安排的时候，有些人能够接受高层领导的命令，服从权威人士的支配，可是在受到与自己资历相仿、地位接近者支配的时候，会觉得不舒服。被这样的人支配来支配去，心里感到别扭、不服气，甚至无法接受。不是不能做某事，而是不能接受某个人。作为心智较成熟的成年人，遇到这种情况，应当积极主动地克服这种情绪，对自己、同事和领导要有客观合理的评价和定位，而不是完全凭年龄论资历。随着社会信息化的发展和进步，我们每个人都应当不断地学习，更新知识和技能，争取跟上社会发展的步伐。如果不思进取，不但影响工作，影响同事和领导的关系，更可能被社会甩在后面。

如何克服逆反心理呢？

1. 提高文化素质，增长自己的见识。一个有丰富的阅历、广博知识的人，凭直觉就能认识到逆反心理的荒谬之处，会采用一种科学、宽容的思维方式。广闻博见能使我们避免固执和偏激，而逆反心理则会使我们在最终认识真理之前走许多弯路。

2. 冷静分析，培养解决问题的想象力。当我们冷静地进行分析的时候，会发现我们"对着干"的思维同样地狭隘。对总是怀有逆反心理的人来说，努力培养起自己的想象力是十分必要的，它有助于开阔思路，使其从偏执的习惯中解脱出来。

二、接受合作任务

三个抄写员

黎锦熙是我国著名的国学大师。他在湖南办报时，帮他誊写文稿的有三个人。

第一个抄写员沉默寡言，只是老老实实地抄写文稿，错字别字也照抄不误。后来这个人一直默默无闻。

第二个抄写员非常认真，对每份文稿都先仔细地检查再抄写，遇到错字病句都要改正过来。后来，这个抄写员写了一首歌词，经聂耳谱曲后命名为《义勇军进行曲》。他就是田汉。

第三个抄写员与众不同，他仔细地检查每份文稿，但只抄与自己意见相符的文稿，对那些意见不同的文稿则随手扔掉，一句话也不抄。后来这个人建立了以《义勇军进行曲》为国歌的中华人民共和国，他就是毛泽东。

以上故事告诉我们，不同的态度会有不同的人生结局。我们在接受工作任务时，不能只是机械地照搬照抄，而是要加入自己的思考和判断，只有如此才能把事情做好。

三、学会服从

服从是行动的第一步。要想有所成就，首先需要放弃一些个人想法，正确地处理个人与集体之间的利益关系。当然，服从领导并不是要求盲目服从，在任何一个团队中，唯唯诺诺、没有自己思想的人即使再服从，也不会受到团队的欢迎。

孟尝君继承父亲的官职做了齐国的相国。他是战国时代有名的"四君子"之一，养着好几千门客。

一次，临近年关，一个叫冯谖的门客奉命去薛地收债。临行的时候，冯谖认认真真地问孟尝君："收了债，您不想买回点什么吗？"

孟尝君随便说了一句："您看我家里缺少什么，就买回点什么吧！"

冯谖恭敬地回答："遵命！"说完，就上路了。

冯谖来到薛地，收了十万钱的债，可还有不少人还不起债。他就把这些人召集到一片空地上，让大家都带着债券。冯谖站在高处的一个土台上，大声说："父老乡亲们！请你们把债券拿出来，把欠孟尝君的粮款数字核查清楚。"百姓们按顺序验证了债券，明白了自己应该缴纳的钱粮数字，他们的脸上罩上了愁容。过了一会儿，冯谖又站到那个高台上说："现在我宣布相国的决定：孟尝君知道父老乡亲们衣食艰难，决定所有拖欠的粮款，一律不收了！算是他对百姓的一点心意。现在，我就当着大家的面，把这债券烧掉！"接着，他下令点着一堆火，让欠债的人一个接一个地把自己的债券扔到火里去。冯谖的这一举动，使得人们很感动。大家发出一阵阵欢呼声，欢笑着奔走相告。

孟尝君听到冯谖烧毁契据的消息，十分恼怒，就责怪他。冯谖解释道："主公让我去收租和利息，无非就是想供养门客，供养门客无非就是想稳固自己，宣扬仁义。主公现在最缺少的就是仁义。能够得到人民的真心拥护，这才是真正的宝贝，而不是金钱。况且那些能交得起的已经交了，交不起的逼他也没有用。"孟尝君听后无话可说。后来，齐王罢免了孟尝君，孟尝君回到封地薛地，受到当地人民的热烈欢迎和坚决拥护，这时他才体会到了冯谖的良苦用心。

行动评估

活动：心心相印（背夹球）

比赛人数：每队12人（6男6女）。

比赛规则：每组2人，背夹一圆球，步调一致向前走，绕过转折点回到起点，下一组开始前进。最先完成者胜出。

注意事项：

1. 比赛过程中如有球落地需返回起点重新开始。

2. 途中不得以手、臂碰球，每碰球一次算犯规一次，每犯规一次比赛时间加2秒。

3. 接力方必须在规定区域内完成接力活动。

活动目的：提高队友之间的默契度。

请思考：

1. 活动开始后，你和你的队友默契吗？

2. 在活动的过程中，你们培养相互默契的经验是什么？

提示：

1. 合作中如何分工？谁处于领导地位？谁处于服从地位？

2. 从大局出发，你的心理做了哪些调整？

评估：你是否调整心理，积极接受工作，培养了大局意识？

学完了本节内容，现在请通过下面的练习自查一下，看是否掌握了本节内容的要点。

1. 合作中，你是否甘心处于服从地位？

2. 在合作过程中，小组成员的精力是否有无谓的损耗？如何减少和避免不必要的摩擦和损耗？

3. 你的自尊心是否过强？如何调整自己的心态？

学习评价

以小组为单位，展示各组在本节学习过程中收集的材料及取得的成果。根据下表提示，对本节所有的学习活动进行评价。

评价内容	分值	评分		
		自我评价	小组评价	教师评价
本节的学习目标是否明确	20			
本节课的学习任务是否完成	20			
"案例引导"部分的分析是否认真、透彻	20			
"知识拓展"部分的内容是否掌握	20			
完成任务的时间安排是否合理	10			
学习过程中的自我认知能力	10			
合计				
综合平均得分				

第二节　遵守合作承诺

学习目标

一、能力目标

1. 遵守承诺，取得合作者的信任。

2. 培养自己诚实守信的良好习惯。

二、德育目标

1. 全面发展，提高职业素养。

2. 学会诚实守信，建立相互信赖的合作关系。

案例引导

千金不昧

清朝时，苏州有个叫蔡林的商人，以重承诺、讲信义著称。有位朋友把千金寄存在他家，没有留下任何凭证。不久，这位朋友病故了，蔡林就把朋友的儿子叫来，交还这笔重金。朋友的儿子不愿平白无故地接受这千金之资，便说："家父生前从未对我提及这件事情。"蔡林听了，笑了笑说："字据在我心里，不在纸上，这是因为你父亲了解我的缘故，所以他没告诉你。"

问题1：蔡林的朋友寄存千金为什么不留下任何凭证？

_____

_____

_____

问题2：你有没有遇见或听说过如此讲诚信的故事？

_____

_____

_____

提前一分钟

有个朋友在深圳打工时，在一家快餐店送外卖，他每次给客户送餐都遵守一个原则——按照顾客定好的时间，提前一分钟送到。有一次，外面突然下起大雨，路面很多地方积水。他骑摩托车到市区得经过一段非常难走的路，眼看就要迟到了，于是他毅然把摩托车停在街边，拦了一辆出租车，提前到达了地点。当他手提盒饭，急急忙忙地冲上楼时，大家都愣住了，谁也没有想到，这样的坏天气，他还能够提前把快餐送到。一盒快餐他赚一块钱，共送了十一盒快餐，扣除十块钱打的费，这一趟他只赚了一块钱，但却赢得了客户的尊敬和信任。此后，给快餐店打电话订外卖的很多，而且都点他的名字，要求他亲自送。经理很不解，就问他是靠什么获得这么多人的信任的。他的理由很朴实："现在写字楼的白领，做的是快节奏的工作，谁都不愿意多等一分钟，我应该准时让他们吃到订好的快餐。"道理就是这么简单，要守约守信。

后来，经过多年的打拼，他在深圳终于拥有了自己的生意，开了一家房产中介公司。公司里有一条规定：和客户洽谈必须提前一分钟到达。也正是因为"提前一分钟"，这个不起眼的公司获得了更多的机会，拥有了大量的客户群。事实证明，只有遵守时间、守信用的人，才能赢得市场。

问题1：这个快递员成功的秘诀是什么？

_____

_____

问题2：你从这个故事中得到什么启示？

_____

_____

_____

能力训练

任务描述

每组四个人分别趴在地面所画方框的角上，并将双脚放在彼此的背上。在教师的统一号令下，用双手将身体撑起，有节奏地做俯卧撑。

任务目标

遵守承诺，不轻言放弃。

任务规则

1. 每个小队推荐四名成员。

2. 参加活动者的背、腰部不得有问题。

3. 参加活动者必须服从指挥，不得擅自退出活动。

4. 地面要干净。

任务资料

准备擦手、洗手的用具和粉笔若干。

任务实施

1. 每个小队推荐四名成员。

2. 最好是男生，身高、体重相差不是很大，以确保活动顺利进行。

3. 在地上画出边长各为1.8米的方框，具体长度与参加活动者的身高接近。

4. 四个人趴在方框的每个角上，将双脚放在彼此的背上。

5. 在教师的统一号令下，用双手将身体撑起，并有节奏地做俯卧撑。

任务反馈

1. 学生进行自我评估。

2. 教师对每位学生的表现进行点评。

知识拓展

合作者接受工作任务之后，要积极行动，遵守合作承诺，按照质量目标和预定的时间要求完成任务。

遇到利益冲突的时候，能够暂时牺牲个人的利益，克服困难，通过切实的行动获得他人的信赖。

一、防止滥竽充数

社会在发展，时代在进步，当今各行各业在人力资源、制度管理等方面越来越科学、严谨、有序，"南郭先生"的处境越来越艰难了。

首先，领导要察好人、用好人。领导不可能也不需要行行精通，但是一定要起到组织协调和宏观指导的作用。用人要先识人，作为领导，只有确保"乐队"

成员都是真正的"吹竽师",方能保证合奏出悦耳动听的乐曲。

其次,团队里的中层力量,做好上传下达的"中枢"。中层干部直接与一线人员打交道,务必要做到了解基层实情,为领导层决策当好参谋;还要大胆科学管理,确保贯彻领导意图不走样。当然,团队兴旺,人人有责,一个团队的发展既需要员工在自己本职岗位上尽职尽责,也需要他们发扬主人翁的精神,敢于揭发身边的不正之风,早日使"南郭先生"原形毕露。

二、用心做事

用心做事不同于认真做事。认真是指不马虎,以不出错为出发点;用心是指使用心力,以做好为原则。认真只是照章办事、按照条例标准把工作完成而已,有点机械被动。用心不仅是按照规章办事,还要将规章和规律有机地结合起来,灵活地加以变通运用。对于学生来说,完成作业是认真的反映,但高质量地、合理地、有序地完成作业才是用心的表现。对于工人来说,完成十个零件的加工是认真,但在完成工作量的基础上还要做到降低能耗、提高精度、缩短工期,那才是用心的体现。认真,平常人都能做到;用心,却不是轻而易举的事情,它需要我们开动脑筋,投入时间和精力。用心做事是一种职业道德,是一种态度,是一种境界,是一种品质,是一种负责任的体现。

一个小和尚担任撞钟一职,每天都能按时撞钟,但半年下来主持却很不满意,就调他到后院劈柴挑水。

小和尚很不服气地问:"我撞的钟难道不准时不响亮吗?"

主持耐心地告诉他:"你撞的钟虽然很准时,也很响亮,但钟声空泛、疲软,没有感召力。钟声是要唤醒沉迷的众生的,而我没有听到这样的声音。"

小和尚不过是"做一天和尚撞一天钟"而已,并没有融入一颗"唤醒众生"的心。

从这则故事中可以看出,用心与认真是两种截然不同的做事态度。

三、控制攀比心理

根据产生的作用不同,攀比心理分为正性攀比和负性攀比两种。正性攀比指正面的积极的比较,是在理性意识驱使下的正当竞争,往往能够引发个体积极的竞争欲望,产生克服困难的动力。负性攀比指那些消极的、伴随有情绪性心理障碍的比较,会使个体陷入思维的死角,产生巨大的精神压力和极端的自我肯定或者否定。负性攀比最大的问题在于缺乏对自己和周围环境的理性分析，只是一味地沉溺于攀比中而无法自拔。教育专家指出，攀比心理的主动引导与规避，主要通过合理的自我调节、建立正确的比较观念、摆脱压力的束缚、找到前进的动力而实现负性攀比到正性攀比的转化。

具体的方法包括：

（一）通过自我暗示增强心理承受力

自我暗示又称自我肯定，是指通过对个体预期目标积极的叙述，实现头脑中坚定而持久的积极认知，摆脱陈旧的、否定性的消极思维模式。自我暗示是一种强有力的心理调节技巧，可以在短时间内改变一个人的生活态度和心理预期，增强个体的心理承受能力。

（二）尽可能地纵向比较，减少盲目地横向比较

比较分为纵向比较和横向比较两类。纵向比较是指个体和自己的昨天比较，看到长期的发展变化情况，以进步的心态鼓励自己，从而建立希望体系，帮助个体树立坚定的信心。横向比较是指个体与周围其他人的比较，有助于找到自己的不足，以便朝着更好的方向发展。由于竞争的日益激烈，人们往往会陷入横向比较的误区，忽略了纵向比较。纵向比较能够使人更清醒地认识自我，有利于发挥真实水平。

（三）增强自身实力，克服负性攀比

个人的自信心是建立在强大的实力基础之上的，负性攀比的产生往往是因为个体自身的实力与期望值达不到均衡水平。因此，在日常学习和工作过程中，对自己要有客观而清醒的认识，并通过不断的学习，扬长避短，巩固并增强自己的实力，这样才能战胜负性攀比造成的心理障碍。

四、为人诚信，敢于负责

诚信是立身处世的准则，是人格魅力的体现，是衡量个人品行优劣的道德标准之一。只有讲究诚信，一个人才会为了实现自己的许诺而积极努力。同时，一个真正注重诚信的人或组织，在不能履约的时候，必然会对自己失信的行为负责，及时采取必要的措施来弥补由自己的失信造成的损失。下面看一下"一诺千金"的来历：

　　楚汉相争时，项羽手下有一员大将叫季布。他为项羽出生入死，冲锋陷阵，立下了大功。刘邦对他深为痛恨，统一中国做了皇帝后，下令悬赏千两黄金捉拿季布。

季布平时言而有信，答应别人的事情一定竭尽全力去做，从不让人失望。民间流传着一句话："得黄金百斤，不如得季布的一个诺言。"当时敬慕季布为人的人都在暗中帮助他。季布经过化装，到山东一家姓朱的人家当佣工。朱家明知他是季布，仍收留了他，后来，朱家又到洛阳去找刘邦的老朋友汝阴侯夏侯婴说情。

汝阴侯对刘邦说："以前季布为项羽打仗，这是他作为项羽部下应尽的责任。现在陛下为了从前的仇恨捉拿季布，器量未免显得太小了。况且陛下如此仇视季布，假使季布心生畏惧而投奔他国，这不是给陛下增添了麻烦吗？倒不如现在就把他召进宫来，委以官职。"刘邦觉得有理，马上派人撤去告示，并将季布召进宫来，任命他为郎中。季布感念刘邦的恩德，为汉朝做了许多大事。

行动评估

活动：球行万里

游戏简介：团队每个队员手拿一根半圆形的球槽和一个乒乓球，将球连续传动（滚动）到下一个队员的球槽中，并迅速地排到队伍的末端，继续传送前方队员传来的球，直到球安全地到达指定的目的地为止。

游戏人数：12~16人。

场地要求：空旷的平地。

需要器材：乒乓球、球槽。

游戏时间：约40分钟。

活动目标：感受队员间有效的配合、衔接以及自我控制能力，为共同的目标以及团队的荣誉做好每一个环节的传递。

请思考：

1.为了保证活动的顺利进行，你作为团队的一个成员，应该怎么做？

2.如果在传球过程中出现失误，你会怎么办？

提示：

1.活动中信守承诺，互相信任。

2.出现问题，要勇于担责。

评估：你是否培养了信守承诺的意识和习惯？

学完了本节内容，现在请通过下面的练习自查一下，看是否掌握了本节内容的要点。

问题：自己在合作执行任务的过程中有哪些不足的地方？应该从哪些方面进行改进？

学习评价

以小组为单位，展示各组在本节学习过程中收集的材料及取得的成果。根据下表提示，对本节所有的学习活动进行评价。

评价内容	分值	评分		
		自我评价	小组评价	教师评价
本节的学习目标是否明确	20			
本节课的学习任务是否完成	20			
"案例引导"部分的分析是否认真、透彻	20			
"知识拓展"部分的内容是否掌握	20			
完成任务的时间安排是否合理	10			
学习过程中的自我认知能力	10			
合计				
综合平均得分				

第三节　确定先后顺序

学习目标

一、能力目标

1. 分清多项任务的轻重缓急。

2. 确定完成任务的先后顺序。

二、德育目标

1. 培养合作过程中的大局意识。

2. 根据工作需要，考虑团队的工作进程，考虑自己的工作与他人的关联，创建和谐的工作环境。

案例引导

在一次时间管理的课上，教授在桌子上放了一个装水的罐子，然后又从桌子下面拿出一些正好可以从罐口放进罐子里的鹅卵石。当教师把石块放完后，问他的学生："你们说这罐子是不是满的？"

"是！"学生们异口同声地回答。"真的吗？"教授笑着问。然后又从桌子底下拿出一袋碎石子，把碎石子从罐口倒下去，摇一摇，再加一些，再问学生："这罐子现在是不是满的？"这回他的学生不敢回答太快，有位学生细声回答道："也许没满。"

"很好！"教授说完后，又从桌子下拿出一袋沙子，慢慢地倒进罐子里。倒完后，再次问班上的学生罐子满还是没满。

"没有满。"全班同学这下学乖了，大家很有信心地回答。"好极了！"教授再一次称赞这些"孺子可教"的学生们。称赞完之后，教授从桌子底下拿出一大瓶水，把水倒入看起来已经被鹅卵石、小碎石、沙子填满的罐子。当这些事都做完后，教授正式问学生："通过这件事情，我们能得到什么重要的启示呢？"

班上一阵沉默，然后一位学生答道："无论我们的工作多忙，行程安排得多满，如果再逼自己一下的话，还是可以多做些事。"教授听到这样的回答后，点了点头，微笑道："答得不错，但并不是我要告诉你们的重要资讯。"说到这里，这位教授故意顿住，将目光向全班同学扫了一遍，然后说："我想告诉各位的其实是：如果你不先将大的'鹅卵石'放进罐子里，你也许以后永远没机会把它们再放进去了。"

问题1：教授往罐子里放的物体依次是什么？

_____

_____

_____

问题2：举例说明你身边发生的类似的事情。

_____

_____

_____

能力训练

任务描述

搭桥过河。

任务目标

培养团队协作能力，训练团队内部的协调能力。

任务规则

1. 每队6人（2男4女）上场。

2. 参赛队队员在起点线外准备，待一组队员全部到达终点时另一组才能开始接力。

3. 比赛过程中只要有脚触地的情况，均视为犯规，并按触地次数增加比赛用时。

任务资料

小地毯（报纸或者毛巾等亦可）。

任务实施

赛道两头各一组，每组3人（自由组合），起点组队员手持4块"小地毯"，由第一名队员向前搭放"小地毯",第三个队员不断地把"小地毯"传给第一个队员,三人踩着"小地毯"前进30米(以篮球场宽为准,一个来回),要求脚不能触地,绕过障碍物回到起点。待三人全部过界后另一组将接过"地毯"以同样的方式往回走,最先到达起点的为胜。按所用时间记名次。

任务反馈

1.根据自己在活动中的表现,进行自我评价。

2.教师对每位学生的表现进行点评。

知识拓展

在合作完成任务的过程中,随时都可能发生意外情况,因此要处理一些临时安排的工作,这时要分清事情的轻重缓急。

一、不能同时听从两个人指挥

只有一块手表,可以知道是几点,拥有两块或两块以上的手表并不能告诉一个人更准确的时间,反而会让看表的人失去对准确时间的信心。这就是著名的"手表定律"。

"手表定律"带给我们一种非常直观的启发:对于任何一件事情,不能同时设置两个不同的目标,否则将使这件事情无法完成;对于一个人,也不能同时由两个以上的人来同时指挥,否则将使这个人无所适从;而对于一个团队,更是不能同时采用两种不同的管理方法,否则将使这个团队无法工作。

二、保持清醒,分清轻重缓急

任何工作都有轻重缓急之分。只有分清哪些是最重要的并把它做好,你的工作才会变得井井有条、卓有成效。凡取得卓越成绩的员工,办事的效率都非常高,这是因为他们能够利用有限的时间,高效率地完成至关重要的工作。任何工作都有主次之分,如果不分主次地平均用力,在时间上就是一种浪费;所以,在关键部位,在主要工作上,我们要用全部精力,将其做到最好。德国诗人歌德曾说过:"重要之事绝不可受芝麻绿豆小事的牵绊。"要集中精力于紧急的要务,就要排除次要事务的牵绊。如果不断地被一些次要事务干扰,就会阻碍向目标前进的脚步。

作为现代企业的一名员工,不管做什么,都要从全局的角度来进行规划,将事情分出轻重缓急,将大目标分成若干个小目标,并坚持"要事第一"的做事原则。

　　任何一名员工都应有"做要事不做急事"的好习惯。要事是有利于实现个人目标的有价值的事，比如规划、技能培训；急事是必须立即处理的事，比如即使你忙得焦头烂额，但电话响了，你不得不放下手边的工作去接听。在紧急但不重要的事情和重要但不紧急的事情之间，或许我们很难做出选择。对于每个人来说，有精力做事的时间往往是有限的，所以必须把有限的时间用在最重要的事情上，也就是把要事放在第一位，而不要迷失在那些看似紧急的、琐碎的、次要的事情当中。只有这样，才能高效地利用时间，出色地完成工作任务。

　　美国伯利恒钢铁公司总裁理查斯·舒瓦普，曾经为自己和公司的低效率而忧虑，于是向效率专家艾维·李寻求帮助，希望艾维·李能卖给他一套思维方法，告诉他怎样才能在短短的时间里完成更多的工作。

　　艾维·李说："好吧！我十分钟就可以教你一套至少提高效率50%的最佳方法。把你明天必须做的最重要的工作记下来，按重要程度编上号码。最重要的排在第一位，以此类推。早上一上班，立即从第一项工作做起，一直做到完成为止。然后用同样的方法对待第二项工作、第三项工作……直到你下班为止。即使你花了一整天的时间才完成了第一项工作，也不要紧。只要它是最重要的工作，就坚持做下去，每一天都要这样做。在你对这套方法的价值深信不疑之后，让你公司的人也按照这套方法去做。这套方法你愿意试多久就试多久，然后给我寄张支票，并填上你认为合适的数字。"

　　舒瓦普认为这个思维方法非常有用，很快就填了一张25000美元的支票给艾维·李。舒瓦普后来坚持使用艾维·李教给他的这套方法，于是五年后，伯利恒钢铁公司从一个鲜为人知的小钢铁厂一跃成为美国最大的不需要外援的钢铁生产企业。舒瓦普对朋友说："我和整个团队始终坚持挑最重要的事情先做，我认为这是我公司多年来最有价值的一笔投资！"

三、做好领导临时安排的工作

　　工作中难免会有一些突发事件，在时间安排上最好留出余地。公司里各个工种的岗位职责，最后都有这么一句："完成领导安排的其他工作。"这不是一句简单的套话，而是有着实际意义的。工作中随时都会出现新情况，需要有人承担，要准备随时接受上级安排的临时工作。

　　领导临时安排的工作可能与自己的本职工作有冲突，这时就要分清轻重缓急，并把实情告诉领导，以免因此耽误本职工作而受到批评。

作为职场新人，最好不要拒绝领导安排的临时工作，这既是领导对新人的信任和考验，也是新人展示自我的机会。

四、排除通信工具的干扰

随着信息时代的到来和发展，信息的交流和传递越来越便捷，同时这也给工作带来干扰。这就要求，在有效地使用通信工具的同时，又不应让它们轻易干扰自己的工作，特别是在开会、演讲、写方案时，不要让其干扰会场、打断思路。

行动评估

活动：联手降竿，听从命令

道具是一根长约两米的竹竿。如果找不到竹竿，可以用塑料制造的电线保护管代替。这样的保护管一般是白色，空心，直径10毫米，房屋装修材料商店里有售。小队成员站成一排，竹竿横在胸前一小臂距离的位置，每个人伸出左手的食指托住竹竿。

听从队长的口令，全队成员共同下蹲，再站起，要求竹竿随人体平行下降和上升。全体成员的行动须保持一致，竹竿不得倾斜、滚动、滑落，不得用虎口夹住，所有人的食指不能离开竹竿。

如果不成功，可以总结经验，重新进行。重复三次，仍然无法完成任务的，可以减人。一个一个地减下去，直到减至三人为止。如果三个人仍然无法协同完成，则宣布这个小队活动失败。

请思考：

1. 人多的时候为什么不容易成功？

2. 活动成功的经验是什么？

提示：

1. 确定一个领导者。

2. 明确先后顺序。

评估：你是否明确多项工作中的先后顺序？

学完了本节内容，现在请你通过下面的表格自我检查一下，看是否掌握了本节内容的要点。

学习评价

以小组为单位，展示各组在本节学习过程中收集的材料及取得的成果。根据下表提示，对本节所有的学习活动进行评价。

评价内容	分值	评分		
		自我评价	小组评价	教师评价
本节的学习目标是否明确	20			
本节课的学习任务是否完成	20			
"案例引导"部分的分析是否认真、透彻	20			
"知识拓展"部分的内容是否掌握	20			
完成任务的时间安排是否合理	10			
学习过程中的自我认知能力	10			
合计				
综合平均得分				

第四节　求得相关帮助

学习目标

一、能力目标

1.检验自己求助意识的强弱。

2.培养自己积极求助的良好习惯。

二、德育目标

1.全面发展，提高职业素养。

2.培养与人合作的基本能力。

案例引导

盲人和跛足人

一个跛足人在马路上遇见了一个盲人。跛足人说："一起走好吗？我也是一个有困难的人，也不能独自行走。你看上去身材魁梧，力气一定很大！你背着我，这样我就可以向你指路了。你坚实的腿脚就是我的腿脚；我明亮的眼睛也就成了你的眼睛了。"

于是，跛足人将拐杖握在手里，趴在了盲人那宽阔的肩膀上。两人优势互补，获得了一个人不能实现的效果。

你不具备别人所具有的天赋，而别人又缺少你所具有的才能，通过类似的交际方式便弥补了这种缺陷。

问题1：跛足人和盲人为什么要合作？

_____

_____

问题2：你从这个故事中得到什么启示？

_____

_____

能力训练

任务描述

假如你和同伴同乘一艘游艇航行在太平洋海面上，突然游艇起火，船开始下沉，最近的陆地估计在150千米以外的西南方向。逃生后，你们还有15件残余的物品，分别是：六分仪、剃须镜、1桶25升淡水、蚊帐、1箱压缩饼干、太平洋海区图、可以漂浮的桌垫、1桶8升油气混合物、半导体收音机、驱鲨剂、2.5平方米的不透明塑料布、1瓶烈性酒、5米塑料绳、2盒巧克力、钓鱼工具。还有带桨的、可以装载所有人的筏子，每个人身上有一包香烟、几盒火柴。

你和同伴的任务是，将这15件物品按照重要程度排列顺序。最重要的标上1，最不重要的标上15。

任务目标

测试求助心理。

任务规则

1.学生要实事求是地填写表格。

2.填写表格时，禁止讨论。

3.教师进行考核，记录结果并纳入学生的学习评价中。

任务资料

表格、A4纸、彩笔等。

任务实施

1.个人填写。

2.大家讨论后再统一填写一份小组意见。

物品	个人排列意见	小组排列意见
六分仪		
剃须镜		
25升淡水		
蚊帐		
压缩饼干		
太平洋海区图		
可以漂浮的桌垫		
8升油气混合物		
半导体收音机		
驱鲨剂		
不透明的塑料布		
烈性酒		
塑料绳		
巧克力		
钓鱼工具		

3.教师公布专家意见。

4.分组讨论个人意见、小组意见的差别。

任务反馈

1.对学生的排列进行点评。

2.小组总结与专家的差距，教师点评小组的发言。

知识拓展

在工作进程中，所有的人都会遇到困难。执行任务者，必须能够求助，而且要及时求助。不能等到别人无法帮助你的时候，才发出信号。多少能人、强者失败，就是因为不善于求助。

一、善于求助

工作有个方向问题，向着正确的方向就会事半功倍，而向着错误的方向则会事倍功半。遗憾的是，单凭我们个人的能力和经验，可能并不能迅速准确地找到正确的方向。这时我们就需要向那些能力更强、见解更独到、经验更丰富的同事请教。

在现代公司里，许多人恃才傲物，不愿请教他人，不愿承认别人比自己懂得多，这是一种非常愚蠢的心理。成功者之所以成功，很重要的一点就在于他们勤学好问，对不知道、不清楚的事总要问个为什么。美国电力公司的老板斯泰因麦兹说："如果一个人不停止问问题，世上就没有愚蠢的问题和愚蠢的人。"他不断地告诫他的员工："能真正从工作中成长起来的唯一方法便是发问。"一个时时产生问号的头脑是一笔很大的财富，它可以让平庸者走出事业的低谷，让成功者更加成功。向专业人士请教自己不懂的问题是一种非常宝贵的素质，它可以提升我们的能力，拓展我们的知识面，使我们的工作能力变得更强。更重要的是，请教别人还有利于我们获得良好的人际关系。

有时，我们并未主动请教，别人也会对我们的工作发表一些自己的意见。千万不要对这种意见产生反感，不管意见是对是错，我们都要真诚地向对方道谢，并客观地评价这些建议。

二、互助可以融洽关系

互相帮助、团结友爱是每个团队对其成员的基本要求，也是每个团队成员的基本道德素养。在日常工作和生活中，每个团队成员不仅要乐于助人，还要勇于向别人求助，不要因为担心给别人带来麻烦而"万事不求人"。虽然不求人没有麻烦别人，但同时也疏远了同事间的关系。相反，有时求助别人反而能表明你信赖别人，反倒能融洽关系、加深感情。

好友玛丽跟我一样，平时交流的朋友比较少，而且有社交恐惧症。她跟舍友关系很差，跟班里的同学结交也不深，见面打招呼都需要经历一段割断呼吸般的纠结过程才能扯出一个脸瘫式的笑容。

"没有朋友自己一个人过也很好呀，简单轻松自在。"实际上，她并不是不想交朋友，而是"三观"一致的太少了，久而久之就觉得心好累。

令她濒临崩溃的导火线是，临近期末，学校事务开始多起来，而6月5日她奶奶去世了，她必须回家，却找不到一个替她值日的人。

玛丽开始自怨自艾："坚持什么'三观'呀？为什么要把自己往绝路上推呢？现在遇到困难，竟然找不到一个人来帮我！"

三、求助要有的放矢

求助时能否得到帮助或得到多大的帮助，关键在于求助者的方式、方法和态度。比如，在向别人寻求帮助时，求助者必须是经过努力后，就某一具体问题寻求帮助，而不要笼统空泛地求助。当你看到同事的课件做得不错时，如果你也想做出漂亮的课件，就应先了解了PPT相关的知识，然后就某一具体问题寻求帮助。对方觉得你确实付出努力了，并且是真心想学习，也就会乐于帮助你，甚至双方还会就更多的问题展开讨论，互相学习，共同提高。总之，要想获得别人的帮助，一定要找正确的人，寻求具体的帮助。

行动评估

活动：主动求助

活动简介：培养学生在陌生环境主动求助的意识。

活动背景：假设你们小组在某地实习结束乘高铁返校，下火车出站后发现有一个同学的行李箱落在火车上，行李箱内有你们小组成员的实习证明材料。

活动要求：

1.把小组成员求助的方式整理成一份活动报告。

2.报告应体现出求助意识，并且能够及时、便捷地完成任务。

活动人数：3~5人。

活动目的：提高队员在工作中主动求助的能力和团队合作意识。

请思考：

1.作为一名队员，要想顺利完成这项任务，你会采取什么措施？

2.在求助别人的过程中，你克服了什么样的困难？

提示：

1.应学会选择求助对象，善于表达自己的处境，明确提出请求。

2.在遇见困难时，应当学会向陌生人和队友求助。

评估：你是否培养了主动求助的意识？

学完了本节内容，现在请通过下面的表格自查一下，看是否掌握了本节的学习要点。

学习评价

以小组为单位，展示各组在本节学习过程中收集的材料及取得的成果。根据下表提示，对本节所有的学习活动进行评价。

评价内容	分值	评分		
		自我评价	小组评价	教师评价
本节的学习目标是否明确	20			
本节课的学习任务是否完成	20			
"案例引导"部分的分析是否认真、透彻	20			
"知识拓展"部分的内容是否掌握	20			
完成任务的时间安排是否合理	10			
学习过程中的自我认知能力	10			
合计				
综合平均得分				

第四单元　完成任务

第一节　把握工作节奏

学习目标

一、能力目标

1. 培养合作者保证工作质量、履行工作职责的能力。

2. 培养合作者在工作中与团队保持一致的能力。

二、德育目标

集体行动、团队合作使团队成员彼此学习互助，产生加速学习的效应，从而使自己拥有更多生存和发展的机会。

案例引导

海尔团队的合作行动

张瑞敏领导的海尔团队非常优秀。1994年某日的下午两点，一个德国经销商打来电话，要求海尔必须在两天内发货，否则订单自动失效。两天内发货意味着对方所要的货物当天下午就必须装船，当天是星期五，如果按海关、商检等有关部门下午5点下班来计算的话，时间只有3个小时，而按照一般程序，要做到这一切几乎是不可能的。

如何将不可能变为可能，此时海尔人优良的团队精神显示了巨大的能量。他们采取齐头并进的方式，调货的调货、报关的报关、联系船期的联系船期，大家全身心地投入到工作中，抓紧每一分钟时间，使每一个环节都顺利通过。当天下午5点30分，这位经销商接到了来自海尔的货物发出的消息。

问题1：你如何看待海尔团队的合作行动？

_____

_____

_____

问题2：你认为应如何提高自己的专业知识和合作能力？

_____

_____

_____

能力训练

任务描述

班级排练历史剧《廉颇蔺相如列传·渑池会》，参加演出的同学利用一个星期的时间进行准备。

任务目标

正确认识自我，培养整体配合意识。

任务规则

1.学生要认真读原文，读剧本。

2.熟读剧本以后要写出自己对所扮演角色的理解和认识。

3.要把对角色的认识融入自己的练习中。

4.教师进行考核，记录结果并纳入学生的学习评价中。

任务资料

廉颇蔺相如列传·渑池会

1.原文

　　秦王使使者告赵王，欲与王为好会于西河外渑池。赵王畏秦，欲毋行。廉颇、蔺相如计曰："王不行，示赵弱且怯也。"赵王遂行，相如从。廉颇送至境，与王诀曰："王行，度道里会遇之礼毕，还，不过三十日。三十日不还，则请立太子为王，以绝秦望。"王许之，遂与秦王会渑池。秦王饮酒酣，曰："寡人窃闻赵王好音，请奏瑟。"赵王鼓瑟。秦御史前书曰："某年月日，秦王与赵王会饮，令赵王鼓瑟。"蔺相如前曰："赵王窃闻秦王善为秦声，请奏盆缻秦王，以相娱乐。"秦王怒，不许。于是相如前进缻，因跪请秦王。秦王不肯击缻。相如曰："五步之内，相如请得以颈血溅大王矣！"左右欲刃相如，相如张目叱之，左右皆靡。于是秦王不怿，为一击缻。相如顾召赵御史书曰"某年月日，秦王为赵王击缻"。秦之群臣曰："请以赵十五城为秦王寿。"蔺相如亦曰："请以秦之咸阳为赵王寿。"秦王竟酒，终不能加胜于赵。赵亦盛设兵以待秦，秦不敢动。

　　既罢归国，以相如功大，拜为上卿，位在廉颇之右。廉颇曰："我为赵将，有攻城野战之大功，而蔺相如徒以口舌为劳，而位居我上，且相如素贱人，吾羞，不忍为之下。"宣言曰："我见相如，必辱之。"相如闻，不肯与会。相如每朝时，常称病，不欲与廉颇争列。已而相如出，望见廉颇，相如引车避匿。于是舍人相与谏曰："臣所以去亲戚而事君者，徒慕君之高义也。今君与廉颇同列，廉君宣恶言而君畏匿之，恐惧殊甚，且庸人尚羞之，况于将相乎！臣等不肖，请辞去。"蔺相如固止之，曰："公之视廉将军孰与秦王？"曰："不若也。"相如曰："夫以秦王之威，而相如廷叱之，辱其群臣，相如虽驽，独畏廉将军哉？顾吾念之，强秦之所以不敢加兵于赵者，徒以吾两人在也。今两虎共斗，其势不俱生。吾所以为此者，以先国家之急而后私仇也。"廉颇闻之，肉袒负荆，因宾客至蔺相如门谢罪。曰："鄙贱之人，不知将军宽之至此也。"卒相与欢，为刎颈之交。

2.译文

　　秦王派使者告诉赵王，想在西河外的渑池与赵王进行一次友好会见。赵王害怕秦国，打算不去。廉颇、蔺相如商量道："大王如果不去，就显得赵国既软弱又胆小。"赵王于是前去赴会，蔺相如随行。廉颇送到边境，和赵王诀别说："大王此行，估计路程和会谈结束，再加上返回的时间，不会超过三十天。如果三十天还没回来，就请您允许我们立太子为王，以断绝秦国要挟的妄想。"赵王答应了，便去渑池与秦王会见。秦王饮到酒兴正浓时，说："我私下里听说赵王爱好音乐，请您奏瑟一曲！"赵王就弹起瑟来。秦国的史官上前来写道："某年某月某日，秦王与赵王一起饮酒，令赵王弹瑟。"蔺相如上前说："赵王私下里听说秦王擅长秦地土乐，请让我给秦王捧上盆，来相互为乐。"秦王发怒，不答应。这时蔺相如向前进献瓦缻，并跪下请秦王演奏。秦王不肯击缶，蔺相如说："在这五步之内，如果我自杀，脖颈里的血可以溅在大王身上了！"秦王的侍从们想要杀蔺相如，蔺相如睁圆双眼大声斥骂他们，侍从们都吓得倒退。因此秦王很不高兴，也只好敲了一下缶。相如回头来招呼赵国史官写道："某年某月某日，秦王为赵王击缶。"秦国的大臣们说："请你们用赵国的十五座城池向秦王献礼。"蔺相如也说："请你们用秦国的咸阳向赵王献礼。"直到酒宴结束，秦王始终也未能压倒赵王。赵国也部署了大批军队来防备秦国，因而秦国也不敢轻举妄动。

　　渑池会结束以后回到赵国，由于蔺相如功劳大，他被封为上卿，官位在廉颇之上。廉颇说："作为赵国的将军，我有攻战城池作战旷野的大功劳，而蔺相如只不过靠能说会道立了点功，可是他的地位却在我之上，况且蔺相如本来就出身卑贱，我感到羞耻，无法容忍在他的下面。"并且扬言说："我遇见蔺相如，一定要羞辱他一番。"蔺相如听到这话后，不愿意和廉颇相会。每到上朝时，蔺相如常常声称有病，不愿和廉颇去争位次的先后。没过多久，蔺相如外出，远远看到廉颇，蔺相如就掉转车子回避。于是蔺相如的门客就一起来向蔺相如抗议说："我们之所以离开亲人来侍奉您，是仰慕您高尚的节义呀。如今您与廉颇官位相同，廉颇传出坏话，而您却害怕躲避着他，胆怯得也太过分了，一般人尚且感到羞耻，更何况是身为将相的人呢！我们这些人没有出息，请让我们辞去吧！"蔺相如坚决地挽留他们，说："诸位认为廉将军和秦王相比谁更厉害？"众人都说："廉将军比不上秦王。"蔺相如说："以秦王的威势，而我尚敢在朝廷上呵斥他，羞辱他的群臣，我蔺相如虽然无能，难道会害怕廉将军吗？但是我想到，强大的秦国之所以不敢对赵国用兵，就是因为有我们两人在呀。如今我们俩相斗，就如同两只猛虎争斗一般，势必不能同时生存。我之所以这样忍让，就是因为将国家的危难放在了前面，而将个人的私怨搁在了后面。"廉颇听说了这些话，就脱去上衣，露出上身，背着荆条，由宾客引领，来到蔺相如的门前请罪，他说："我这个粗野卑贱的人，想不到将军的胸怀如此宽大啊！"二人终于相互交欢和好，成了生死与共的好友。

任务实施

根据文章原文和翻译内容，学生们利用课余时间按照各自角色的特点进行排练，教师进行指导。

任务反馈

1. 根据角色特点，在排练时注重语言、动作、心理等方面的表达，使各个角色密切配合，不要出现忘词和冷场等影响整体排练效果的现象。

2. 根据各个角色的特点和排练中出现的问题，教师有针对性地和学生进行交流。

3. 教师对每位学生的表演进行点评。

知识拓展

大家合作共事有时候是互相牵制的，任何一个环节出了问题，大家都会受牵连，甚至影响全局；因此，要把涉及别人的事情放在前面，避免"蝴蝶效应"。

一、一个人的节奏将影响大家

推动一项相对比较大的工作任务，需要大家共同完成，不能按照一个人的习惯或节奏制订计划，不能一味舒缓或者全程紧张，要有起承转合、轻重缓急，要把握好节奏。

在职场上，个别表现消极的员工会对整体工作产生严重的负面影响。合作过程中，人与人互相影响。数十人列队齐步走，中间有一个人不按照口令的节奏迈步，整个队伍都将混乱。大家合作完成一项任务，各司其职，每个环节或每个人都是不可或缺和替代的。如果某一个环节出了问题，或某一个人掉了链子，势必影响其他人，直至影响大家的工作进展。所以，在一个团体里，大家一定要使自己的节奏和全局合拍，以圆满地完成合作计划。

二、控制自己的工作节奏

你必须控制自己的工作节奏，每进行到一个阶段，就必须检查工作进度，看是否符合计划安排的时间，是否与整体工作保持一致。一旦发现差距，要及时调整。你还要能够影响他人，使合作者都注意时间，保持一致的工作节奏。珍惜时间、信守诺言的人，其行为可以潜移默化地影响周围的人。

如果有多项工作要做，应该排好顺序。凡是与整体工作有关的事项，凡是涉及与他人配合协作的事项，要优先安排。自己可以单独完成的事项，可以利用空隙时间完成。同事一旦把事情交给你，你就要严格执行规章制度，要想方设法把它完成。

三、分清轻重缓急，掌握排序的基本要领

按照轻重缓急，日常工作可以分为以下几种：紧急且重要；紧急但不太重要；重要，但是看起来不紧急；不重要，也不紧急。处理事情优先次序的判断依据是事情的"重要程度"。所谓"重要程度"，是指对实现目标的贡献大小。虽然有以上的理由，我们也不应全面否定按事情"缓急程度"办事的习惯。只是需要强调的是，在考虑行事的先后顺序时，应先考虑事情的"轻重"，再考虑事情的"缓急"。

行动评估

活动：安排日程

方总是某陶瓷公司的总经理，日常工作中几乎每天都排满了各种各样的任务。

事务① 某酒店预订的10000套精品餐具根据合同要在后天交货，但是一大早设计部门反映说，制造部生产的大量碗碟出现了状况，与他们的设计有出入。若不按时交货，他们将要支付高额的赔偿金，他需要马上处理。

事务② 早上九点业务部召开例会，他需要出席。

事务③ 几个朋友给他的手机留言了，他需要回复。

事务④ 市场部策划完成了公司下半年在各省的产品推广方案，方案需要他审阅。

事务⑤ 由于公司热衷于公益事业，方总受邀参加省电视台的访谈节目并作为企业家代表发言。在明晚访谈之前，方总需要与电视台的栏目组联系并敲定发言稿。

事务⑥ 下午他要去见两个重要客户，洽谈一下合约的具体事宜。

根据以上案例，回答以下问题：

1. 方总想要提高工作效率，应该先做哪件事？
2. 请为方总今天的事务做一个计划。

学习评价

以小组为单位，展示各组在本节学习过程中收集的材料及取得的成果。根据下表提示，对本节所有的学习活动进行评价。

评价内容	分值	评分		
		自我评价	小组评价	教师评价
本节的学习目标是否明确	5			
本节课的学习任务是否完成	10			
对"案例引导"内容的分析是否认真、透彻	15			
与同学的配合是否步调一致	20			
自我认知合作能力	20			
"知识拓展"部分的内容是否掌握	15			
完成任务的时间安排是否合理	5			
学习过程中的自我合作能力	10			
合计				
综合平均得分				

第二节　沟通工作进度

学习目标

一、能力目标

1.培养合作者善于传递信息的能力。

2.培养合作者善于沟通的能力。

二、德育目标

在团队合作中积极主动地与合作者进行沟通，把握工作节奏，促进工作顺利进行。

案例引导

业务经理和厂长之间的矛盾

业务经理希望厂长给自己临时加个订单，而没有考虑到厂长的工作难度。经过几次沟通，厂长也未给业务经理增加临时订单。

厂长的理由是，这样没有规矩地加来加去，工作都乱了，增加了管理难度和人力成本。而业务经理也满腹委屈："我也是为公司卖命。成天在全国各地跑，不就为多点业务吗？即便如此，还没有人配合。如果公司都不在乎，我何必在乎呢？"

问题1：沟通、配合不畅的情况，恐怕每个经理人都遇到过。它会影响到企业部门之间的合作，最终会影响到企业的利益。那么，应该如何解决好部门沟通的难题呢？

_____

_____

_____

问题2：你从这个故事中得到什么启示？

_____

_____

_____

能力训练

任务描述

班级全体同学做撕纸游戏。

任务目标

正确认识自我，培养整体配合意识。

任务规则

1.成员：全班同学。

2.时间：15分钟。

3.材料：准备总人数两倍的A4纸（废纸亦可）。

4.教师进行考核，记录结果并纳入学生的学习评价中。

任务资料

操作程序：

1.给每位同学发一张纸。

2.老师发出单项指令：

◆ 大家闭上眼睛；

◆ 全过程不许问问题；

◆ 将纸对折；

◆ 再对折；

◆ 再对折；

◆ 把右上角撕下来，转180度，把左上角也撕下来；

◆ 睁开眼睛，把纸打开。

3.这时老师可以请一位同学上来，重复上述的指令，唯一不同的是这次同学们可以问问题。

任务实施

学生根据老师的要求撕纸。

任务反馈

有关讨论：

1.完成第一步之后可以问大家：为什么会有这么多不同的结果？（也许大家的回答是：单向沟通，不许问问题，所以才会有误差。）

2.完成第二步之后问大家：为什么还会有误差？（希望说明的是：任何沟通的形式及方法都不是绝对的，它受限于沟通者双方彼此了解的程度、沟通环境的限制等，沟通是意义转换的过程。）

3.教师对每位学生的回答进行点评。

知识拓展

一、及时沟通的重要性

所谓沟通，是人与人之间的思想和信息的交换，是将信息逐渐广泛传播的过程。著名组织管理学家巴纳德认为："沟通是把一个组织中的成员联系在一起，以实现共同目标的手段。"在一个组织中，信息沟通有其不可或缺的存在价值，管理层与管理层、管理层与员工、员工与员工之间都需要通过沟通来掌握和传播信息、交流思想，从而使组织内部成员之间互动地把握自己与他人、与总体的动态联系，从而推动组织的发展。

沟通的好处主要在于：首先它是协调各组织要素并使之成为一个整体的凝聚剂，这使得组织内部对信息的传递和理解更为迅速且一致；其次，沟通是管理者联系下属以实现管理基本职能的有效途径，这在一定程度上对企业管理层之间在信息纵向传达的准确性上起到了保障作用。

每做完一个步骤，视情况让相关的人知道。领导在安排工作的时候，无法预测每一个细节，也无法知道具体的结果会怎样。控制合作进程的人，要根据合作者的工作情况不断调整工作分工。调整是局部的、细微的，又是十分重要的。

二、注意内圈沟通

首先，要拥有良好的向上沟通的主观意识。有人说："要当好管理者，要先当好被管理者。"作为下属要时刻保持主动与直接领导沟通的意识。领导的工作往往比较繁忙，无法面面俱到，保持主动与领导沟通的意识十分重要。

其次，要真诚地尊重领导。下属应该认识到，尊重领导是做好工作的首要前提。

第三，要换位思考。遇事要想一想，如果我是领导我该如何处理此事，从而寻求对上级领导处理方法的理解。

三、及时汇报工作进度

工作中要及时向直接上级汇报工作进度情况。工作中一旦出现问题，即使你不及时汇报，你的上级以及相关的人员也会通过其他途径获得相关信息。与其这样被动，不如主动及时汇报为好。

汇报应该包括三点：第一，汇报工作现状，但不必自夸；第二，实事求是地汇报工作中存在的主要困难，不要什么困难都摆出来；第三，解决困难的思路，或者是请求领导支持和帮助的事项。要让领导及时知道你在做什么、做到了什么程度、遇到了什么困难、需要什么帮助。不要期盼你遇到问题的时候，领导都能未卜先知且能及时伸出援助之手。

四、掌握汇报工作的技巧

汇报工作进度情况，事先要充分准备。主题要明确，重点要突出，抓住问题的关键。在提出问题的同时，还应提出解决问题的建议。说话有头有尾，明确来龙去脉，用事实说话，提供具有说服力的资料，还要准备好接受质疑。

要掌握语言沟通的技巧。很多情况下，怎么说比说什么更重要。湘军总领曾国藩拟向朝廷禀报战事，下级拟文为"屡战屡败"，曾国藩挥笔改为"屡败屡战"。一个细微的改动，却传达出完全不同的意思。前者表达的是失败，后者突出的是顽强。朝廷获报，感受完全不同。

掌握有效的沟通技巧，可以使沟通保持顺畅。要注意，任何时候都不要失了智慧。与领导沟通不等同于溜须拍马，沟通中首先要学会倾听，对领导的指导要加以领悟与揣摩，让沟通成为工作有效的润滑剂而不是误会的开端。

要检查一下自己的语言习惯。有些人说话消极，别人问起"工作怎么样"，回答往往是"不怎么样"，做了一大堆事情，寥寥几句就概括了。需要检查自己的工作进度，及时将已经完成的业绩展示出来。

日常工作中，沟通方式或时机不当，容易造成与领导沟通困难的情况。一旦领导产生误会与不信任时，要及时寻找合适的时机，积极主动地给予解释，从而化解领导的"心结"。

行动评估

活动：管理沟通案例分析

一、案例

2006年12月，作为分管公司生产经营副总经理的我，得知一个工程项目即将进行招标，由于采取电话形式向总经理简单汇报，未能及时得到明确答复，我误以为被默认，便组织业务小组投入相关时间和经费跟踪该项目，最终因准备不充分而化为泡影。事后，在总经理办公会上陈述有关情况时，总经理认为我"汇报不详，擅自决策，组织资源运用不当"，并当着部门人员的面给予我严厉批评。我反驳说："已经汇报，是领导重视不够、故意刁难、逃避责任所致。"由于双方在信息传递、有效沟通、团队配合、认知角度等方面存在意见分歧，企业内部人际关系紧张，公司业务难以稳定发展。

二、自我推敲与分析

从个性上来说，我是一个精力充沛、敢作敢为的人，且具有敏锐的市场敏感度。由于以前工作的成功经验，自认为具备了一定的创新能力和影响力，但是由于角色转换，新任分管领导，缺少一定的管理经验和沟通技巧，最终总经理对我产生了误解。分析起来原因有三：

第一，我忽略了信息沟通的组织原则。在得知企业有一个很大机会的时候，我过于自信和重视成绩，在掌握对方信息不足及总经理反馈信息不足的情况下盲目决策，扩大了自己的管理幅度，且没有有效地对人力资源信息进行合理分析，没有充分发挥企业的竞争优势，致使准备不充分，谈判失败。

第二，我忽视了正确定位原则。作为分管副总经理，没有努力地去争取总经理的全力支持，仅凭自己的主观愿望和经验，没有进行合理有效的分析，有越权之嫌，致使总经理产生误解。

第三，我没有运用好沟通管道。事后对结果没有与总经理进行面对面及时有效沟通，而是直接在总经理会议上表达自己的想法，造成总经理因不知情而产生言语误会。

第四，我缺少组织团队意识。公司是一个团队，而我的小部门成员只是一个工作组。当我获得了一个给企业创造利润的机会时，没有发挥团队协作精神，也没有利用公司最有效的资源，仅凭着工作热情盲目决策。这样一来，不但没给企业带来好的绩效，反而造成了诸多负面影响。

而该事件的另一主体——总经理，作为决策者也存在严重的沟通障碍，导致企业凝聚力下降，企业经营业绩不佳。主要表现有：

第一，总经理缺乏同理心倾听。沟通是双方面的，当我给总经理电话汇报工作信息时，他没有核查我传达的信息，也没有积极地回应，让我误以为是默认。事后，我向总经理陈述我的想法时，他也没有认真从我的角度去倾听我的工作思路，只是主观地认为是我的过失。

第二，总经理缺少对下属员工的理解和信任。如果我们双方都处在一个公平的位置上进行沟通，总经理就不会当着部门人员的面对我进行严厉批评。这样我们就会在整个沟通过程中保持坦诚，并以换位思考的方式把自己放在对方的位置上。

第三，总经理缺少建立有效团队的技巧。与总经理争执后，企业的领导班子起了小小的风波，但是总经理没有及时采取适当的方法去构建和谐团队，而是听之任之，不和下属员工交流，使事态进一步扩大。

三、改进计划

沟通是一个互动的过程，实现有效沟通需要沟通双方共同努力。上述案例中的双方可以从以下几个方面进行改进：

分管生产经营的副总应做出的改进：

（1）在沟通前做好信息准备工作。这些信息包括电话汇报内容、翔实的书面汇报、经营分析、可行性分析、经费分析、总结分析等。信息准备充分可使汇报内容有说服力。

（2）改进和完善沟通方式。除电话请示汇报外，可以采取面对面或者书面汇报的方式，提供有说服力的材料供领导决策；作为下级，工作中一旦有失误，应事先及时与总经理沟通，争取理解。

（3）提高自我认知度。公司是一个整体，作为副手要及时进行换位思考，从总经理角度去思考每件事的正确与否，及时调整自己的心态，配合好总经理的工作。

总经理应做出的改进：

（1）掌握并运用好有效的授权艺术。作为总经理，工作很忙，应尽可能地掌握好授权艺术，充分发挥领导班子整体功能，该放权的就充分放权，充分发挥下属的智慧和能力。

（2）宽容下属，减少指责。

（3）善于倾听下属的意见和建议。作为领导，不能过于看重自己的权力，不能让员工怀着惧怕或者防备的心理去工作，要认真倾听来自不同方面的建议，以便更好地改进工作。

（4）不断提高决策能力。对于企业内部出现的各种矛盾和问题，要通过不同的手段和方式去化解和解决，同时要增强果断决策、科学决策意识，促进企业全面健康发展。

四、结束语

从这个案例我们可以看出，交流不畅会给人们的心灵和组织带来巨大的伤害，而有效的交流沟通可以实现信息的准确传递，达到与其他人建立良好关系的目的。因此，组织成员在工作中必须掌握好有效沟通的技巧，为事业发展不断注入发展新动力。

学习评价

以小组为单位，展示各组在本节学习过程中收集的材料及取得的成果。根据下表提示，对本节所有的学习活动进行评价。

评价内容	分值	评分		
		自我评价	小组评价	教师评价
本节的学习目标是否明确	5			
本节课的学习任务是否完成	10			
对"案例引导"内容的分析是否认真、透彻	15			
与同学的沟通是否顺畅	20			
自我认知合作能力	20			
"知识拓展"部分的内容是否掌握	15			
完成任务的时间安排是否合理	5			
学习过程中的自我合作能力	10			
合计				
综合平均得分				

第三节　展示合作效果

学习目标

一、能力目标

1.培养通过合作过程全方位评价自己的能力。

2.培养在工作中关注合作大局、促进形成良好合作效果的能力。

二、德育目标

学会在合作中及时发现、报告合作过程中出现的问题并提出改进工作的方法，以促成取得良好的合作效果。

案例引导

济南公交携手支付宝推出"济南云公交卡"

据报载，10月9日济南公交携手支付宝推出"济南云公交卡"，分为1日卡（售价6元，采用24小时制）、3日卡（售价18元）、5日卡（售价25元）、15日卡（售价70元）和30日卡（售价100元），有效期内无限次乘坐济南公交2元及以下公交车。

用银联支付乘公交有优惠。即日起至12月31日每周二至周日，市民乘坐市公交总公司所属全部公交线路，使用银联手机闪付、银联二维码支付、银联IC卡闪付，可享受5折乘车优惠。使用银联手机闪付，每用户每活动日享受1次5折乘车优惠（单笔最高优惠1.99元）；使用云闪付APP或各银行APP支付，每用户每天享受1次5折乘车优惠（单笔最高优惠1.99元）；使用银联IC卡闪付，每张卡每活动日享受1次5折乘车优惠（单笔最高优惠1.99元）。京东、大众点评等第三方的二维码和闪付的用户不享受银联组织的本次5折优惠活动。即日起至12月31日，继续开展银联每周一"1分钱乘公交"活动，市民可在市公交总公司所属全部公交线路使用银联手机闪付、云闪付APP及其他支持银联二维码的APP闪付乘车。

即日起至10月31日，市民使用京东闪付或京东付款码乘坐市公交总公司所属全部公交线路，可享受5折乘车优惠，不限支付方式，每天每人2次，优惠1元封顶，每日10万个名额，用完即止。即日起至10月30日，用户购买1.99元周权益，7天内享受14次优惠，每单3折优惠，每天最多享受2次优惠。

问题1：济南公交与哪些公司进行合作？合作的目的是什么？

_____

_____

_____

问题2：你是否体验过公交公司的刷卡乘车活动？济南公交公司与其他公司的合作取得了怎样的效果？

_____

_____

_____

能力训练

任务描述

班级全体成员进行团队拓展活动——翻越毕业墙。

任务目标

1.培养团队整体协作和分工能力。

2.培养团队甘为人梯的精神。

3.面对困难敢迎难而上，为团队付出，为团队做出贡献。

4.懂得感恩：一个人的力量是渺小的，团队的力量是无限的。

任务规则

1.学生要领会任务内容。

2.在翻越墙面的时候，不能借助任何外界的工具，包括衣服、皮带、绳子等。

3.能使用的资源只能是每个人的身体。

任务资料

一面高4.2米的光滑墙面。

任务实施

学生根据任务规则进行分工，教师进行指导，在翻越时注意安全。

任务反馈

1.根据翻越中出现的问题，教师和学生进行讨论。

2.教师对每位学生的表现进行点评。

知识拓展

一、正确认识自我

认识自我是自我意识的认知成分，是自我意识的首要成分，也是自我调节控制的心理基础，包括自我感觉、自我概念、自我观察、自我分析和自我评价。自我分析是在自我观察的基础上对自身状况的反思。自我评价是对自己能力、品德、行为等方面社会价值的评估，它最能代表一个人自我认识的水平。俗话说："人贵有自知之明。"正确地认识自己，客观地评价自己，对待人接物和处理问题，对事业的发展和生活的美满，会有极大的好处。一个人如果不能正确评价自己，就会产生心理障碍，表现出对自我的不满和排斥，或者盲目地自高自大。因此，我们应了解自我、认识自我，以更好地把握自我、发展自我。

认识自我的途径有：一是通过自我观察认识自己。要认识自己，必须做一个有心人，经常反省自己在日常生活中的点滴表现，总结自己是一个什么样的人，找出自己的优势和劣势。自我观察是我们自己教育自己、自我提高的重要途径。二是通过他人了解自己。大文豪苏轼写道："不识庐山真面目，只缘身在此山中。"认识自己有时候的确比较难。一般来说，当局者迷，旁观者清，周围的人对我们的态度和评价能帮助我们认识自己、了解自己。我们要尊重他人的态度与评价，冷静地加以分析。对他人的态度与评价，我们既不能盲从，也不能忽视。

二、合作就是优势互补

团队合作中，每一个人都具有各自的合作优势。合作就是大家的优势互补。优势互补的要义，在于合理地取长补短，变劣势为优势，发挥整体的力量。这就要求管理者首先要对员工以及各职能部门等各个方面的优势和劣势有一个比较深入的了解。其次，要根据目标实施的要求和特点，进行优势组合。在优势组合的同时，应注意强弱的搭配，以强带弱，以强化弱，使劣势最大限度地转化为优势。

某企业营销部的刘经理，是一个很有市场头脑的人，由他独自操作的市场营销项目无不获得较好的效果，但遗憾的是，他缺乏整体的组织与规划能力，因而常常是抓了点却丢了面，营销部的整体业绩不佳。而这个营销部的业务员小陈，却颇有运筹帷幄的头脑，但他对营销部的具体事务性工作，又不大适应。企业老板发现这个问题后，及时地把小陈提升为营销部副经理。这样，刘经理负责具体的市场营销项目，小陈则负责整个营销部的规划和调节工作。两个人取长补短，相得益彰，使营销部的工作既有条不紊，又有重点突破。

三、形成良好的合作效果

积极的心态是每一个合作者必须具备的，它能产生良好的结果；消极的心态，只会因放弃而失去一次次成功。与人合作要大度，要多看对方的优点，容忍或忽略对方的缺点。及时发现和解决问题才是实现共同目标的捷径，所以大家要互相扶持、互相宽容。在合作工作中，我们经常会看到合作伙伴的过失，这时我们需要能够帮助他人承担，特别是发生危机的时候，更会显示合作的价值，也会显示作为合作者的存在价值。在完成自己工作任务的时候，也要关注他人工作的进展情况，发现问题，及时伸出援手，帮助他人克服困难。

当一个人从内心深处渴望承担责任时，就会认识到这样做不仅是对组织负责，同时也是对自己负责，并在承担这份责任时感受到自身的价值，以及自己所获得的尊重和认同，从而获得心理与精神上的满足。承担自己该承担的责任，全心全意地努力工作，这样就能够使合作取得良好的效果。

行动评估

活动：体验校企合作

"校企合作"模式是一种新的合作方式。职业教育的培养目标和职业导向，决定了职业学校必须和企业合作。校企合作是职业教育改革的重要方向，也是大力发展职业教育的必然要求。通过校企合作，企业和工程技术人员、学校专业教师能进行深入沟通交流，可以有效地发挥校企双方在人才培养方面的优势，形成合力，共同推进学校发展，促进企业生产经营，搭建起互利三赢的平台：学校在校企合作上解决了师资不足和设备不足的问题，可利用企业先进的机械设备为学生的实训服务；企业通过与学校合作可以解决困扰企业的人力资源不足问题；而学生通过学校与企业合作开发的校企课程，可见到学校里没见过的先进设备，学到在学校里学不到的知识，提高自身的实践能力和工作能力。

据某校企合作学院2015年就业报告显示，2015届通信专业毕业生就业率达97.7%，高于权威调研机构麦可思2015年全国大学生就业报告（以下简称"麦可思报告"）94.4%的就业率5.4个百分点，专业对口率97.9%，高于麦可思报告62%的专业对口率35.9个百分点，就业薪酬区间在3000～10000元之间，呈现出"风景这边独好"的势头。

校企合作院校在教育过程中始终要坚持以服务行业市场需求为导向，以能力培养为中心，通过构建服务型专业建设，运用工程师自主教学、信息化教学平台以及职业管理等，培养出一批既具有理论素养又具有实际动手能力，服务于生产、建设、管理一线的应用技能型人才。同时，校企合作院校要依托企业的行业背景，充分整合企业客户与合作伙伴资源，为学生搭建完善的就业保障体系，提供参观企业、暑期实习、带薪顶岗实习等机会，并与诸多实力企业达成了就业意向，开展了定制化培养等形式的合作。学院还要为每位学生量身打造适合自身的职业发展规划，培养学生的就业意识，提升学生职业竞争力，为学生就业提供多方面的保障。

问题：你是否了解校企合作学习模式？是否参加过校企合作学习？

学习评价

学生根据"团队协作评价表"，恰当地组织文字，写一份300字左右的自我评价。教师挑选写得好的在全班进行交流，并予以点评。

团队协作评价表

考核维度	考核指标	分数设置	得分
团队凝聚力	所有团队成员具有跟公司利益一致的目标，并为达成该目标而共同努力	5	
	团队成员具有高度的团队认同感、凝聚力，向心力强	5	
团队学习力	积极参加公司培训计划的制订、落实、反馈等工作；团队学习建设卓有成效，队伍素质不断提高	5 5	
团队业绩	认真执行公司的发展战略，踏实工作	5	
	团队内部管理及制度健全	5	
	高效率、高效益地完成公司下达的各项工作任务	5	
	团队完成或超过本年度工作计划目标	5	
	在公司战略目标实施项目中有突出贡献	5	
团队协作性	团队成员相互信任、相互支持，分工负责、协作配合	5	
	民主意识强，集中团队成员的智慧，民主氛围浓厚	5	
	团队成员互助互爱，在工作上互相帮扶，在生活中互相关照	5	

续表

考核维度	考核指标	分数设置	得分
团队职业素养	坚持贯彻公司领导意图，有很强的大局意识和责任意识	5	
	树立良好的对外形象，体现良好的精神风貌	5	
	工作中注意节能降耗，在日常工作及公务上无浪费行为	5	
	积极反映发现的问题，为企业提出合理化建议	5	
	内部员工遵守国家法律法规，遵守公司制度和纪律，一年中没有出现严重或故意违反公司制度的情况	5	
	与其他部门关系良好，团队之间沟通顺畅、协作良好	5	
团队精神面貌	部门有良好的精神面貌，能保持饱满的工作热情		
沟通能力	能积极联络相关部门沟通工作节点及配合事宜，清晰表达本部门工作点和相关配合部门工作点		
社交礼仪	待人热情有礼，注重礼节素养		
团队稳定性	团队稳健，部门人员流失率小	5	
	有团结、和谐的工作环境	5	
得分汇总		100	